AU ROY,
ET A NOSSEIGNEURS
de Son Conseil.

IRE

LES RECTEUR, CHANCELIER, ET LES PROFESSEURS des quatre Facultés de l'Université de Bordeaux,
REMONTRENT TRES-HUMBLEMENT A VOTRE MAJESTE', que l'Affaire soûmise à sa decision, interesse la Religion, l'Etat, & le Public. Les entreprises de la plus grande partie des Ordres Religieux qui sont à Bordeaux, en font tout le sujet ; elles tendent, SIRE, ces entreprises au renversement & de la vraye Religion, & des saines Maximes, elles ouvrent la porte aux nouveautez : Source ordinaire des Heresies, elles détruisent les prérogatives, & les fonctions le plus intimement attachées aux Universités.

Ce sont ces motifs importants, qui ont déterminé, SIRE, les plaintes que l'Université de Bordeaux a portées jusqu'au Thrône de V. M. ils ont seuls animé son zele, ils annoncent par avance combien sa cause est favorable.

Les deux Decrets qui ont soûlevé tous ces Ordres Religieux (si l'on en excepte les Feüillans & les PP. Jesuites, qui y ont applaudi) ont été dictés par les Loix, par les Ordonnances, & par plusieurs Arrêts du Conseil d'enhaut.

A

Le premier de ces Decrets fut rendu le 11. Mars 1721. il portoit 1° qu'aucunes Theses ne pourroient être soûtenuës *solemniter & publicè*, c'est-à-dire, *apertis januis & externis invitatis*, soit dans les Colleges Academiques, soit dans les Monasteres, & autres lieux, sans avoir préalablement pris jour de l'Université, qui seroit à cet effet invitée, & à laquelle on assigneroit des places convenables. 2° Qu'il n'y auroit point de These imprimée sans l'Aprobation des Docteurs Regents de la Faculté. 3° On y déclara ne point empêcher que les Novices, ou autres Etudians dans les Communautés, fussent exercés sans ces formalités; pourvû toutes fois que cela se fît sans Theses imprimées, & à huis clos.

Decrets qui ont donné lieu à la contestation.

Ces précautions ne parurent pas encore assez grandes à l'Université : toûjours attentive à ramener avec douceur la regle, & le bon ordre, elle rendit un deuxiéme Decret le 7. Decembre suivant, qui ajoûta aux dispositions de celui dont on vient de rendre compte, une clause qui laissoit le choix à ceux des Religieux qui avoient des Docteurs Regens dans leur Ordre, de soûmettre les Theses qu'ils imprimeroient, ou soûtiendroient *solemniter & publicè*, à l'éxamen de ces mêmes Docteurs Regens.

Ces deux Decrets presentés au Parlement de Bordeaux, il n'y trouva rien qui ne fût très-sage; il les homologua par son Arrêt du 7. Septembre 1721.

Les Peres Augustins y formerent d'abord oposition; mais s'en étant départis aussi-tôt, & ayant consenti par Acte qu'elle demeurât pour non avenuë, il intervint un deuxiéme Arrêt le 9 du même mois de Septembre, qui en homologuant de nouveau ces Decrets, ordonna qu'ils seroient éxecutés tant par les Peres Augustins, que generalement par tous les autres Religieux, & faisant droit sur les Conclusions du Procureur General, leur fit inhibitions & deffenses de faire soûtenir publiquement aucunes Theses imprimées, ou manuscrites, sans l'aprobation de l'Université.

L'obéissance & la sagesse des Peres Augustins dans cette occasion, produisirent chez les autres Religieux un effet bien oposé à celui qu'on auroit dû en attendre; elles ranimerent en eux l'esprit d'independance, & de vanité; on vit tous ces humbles Solitaires sortir de leurs Cellules, faire entr'eux des assemblées, & choisir un Syndic pour former leur oposition à ces deux Arrêts. Ils renversent si on les en croit leurs droits, & possession. Que n'ont-ils point mis en usage pour être écoutez? sollicitations, détours, artifices, rien n'a échapé à la vivacité de leur deffence. On sent combien cette réussite leur étoit chere, d'elle dependoit la liberté de produire en public toutes leurs idées sur les points les plus augustes de la Religion.

C'est sur cette oposition qu'est intervenu l'Arrest dont la cassation est demandée, il l'a reçûë cette oposition, & a mis les Parties hors de Cour & de Procès sur la demande en homologation des deux Decrets de l'Université.

Les Suplians ont cet avantage, SIRE, que leur demande en cassation a été définitivement prejugée dès son introduction; à peine avoient-ils porté leurs plaintes à V. M. que les Religieux en furent informés; & comme ils sont infiniment attentifs, & surveillans à ne rien perdre de tout ce qui peut flater leur ambition, ils noublierent rien pour empêcher que cette Requête ne fut reçûë; ils fournirent de leur côté leurs Memoires, ils répondirent à ceux des Suplians; ensorte qu'il est vray de dire que l'examen qui a précedé l'Arrest d'introduction, a été aussi exact & consommé, que pourroit être l'inſtruction qui ſe fait preſentement ſous les yeux de V. M.

Quelques nüages que les Religieux ayent voulu répandre dans cette affaire, ils n'ont pû voiler le danger manifeſte qu'il y auroit à laiſſer ſubſiſter l'Arreſt attaqué. Tout a parû grand, & important dans cette cauſe ; auſſi V. M. en a-t'-elle voulu prendre connoiſſance par elle-même, elle l'a ainſi ordonné par l'Arreſt qu'elle a prononcé le 27 Juillet 1726. (*a*)

Les Religieux ont répondu à la Requête inſerée dans cet Arreſt ; mais comment y ont-ils répondu ? les invectives & les calomnies ont été leur plus forte deffenſe, ils n'ont obſervé ni modeſtie, ni ménagement. *Tyrans de la Doctrine, guides aveugles, Phariſiens, rougir de honte, anathêmes, malédictions*, ce ſont les épithêtes, & les menaces qu'ils adreſſent a ceux des Supliants, qu'ils devroient le plus ménager & reſpecter. (*b*) La dureté de ces expreſſions, le ton monachal & enflé qui les accompagne, ne tiennent guere de la politeſſe du langage qui eſt en uſage aujourd'hui, & de la ſimplicité & moderation dont il ne faut jamais s'écarter, principalement lorſque c'eſt devant V. M. qu'on eſt admis à parler.

(*a*) *Cet Arreſt nomme des Commiſſaires du Conſeil, pour ſur leur avis raporté devant Sa Majeſté, eſtre par elle ſtatué ce qu'il apartiendra.*

(*b*) *Ces traits ſont portés contre huit Religieux de differents Ordres, qui compoſent la Faculté de Théologie de l'Univerſité de Bordeaux.*

Mais ſi ces Religieux refuſent d'imiter les Saints Peres des premiers tems, dont l'humilité égaloit la ſcience, les Supliants ſuivront-ils cet exemple ? Sortiront-ils des bornes qu'ils ſe ſont preſcrites dans la deffenſe de leur cauſe ? non, SIRE, les Loix du Royaume preſentées avec force ; mais ſans aigreur, ſeront les ſeules armes avec leſquelles ils combattront les prétentions de leurs adverſaires.

Les principaux points de la Requeſte à laquelle il s'agiſt de répondre, conſiſtent à pretendre que les décrets des Supliants ſont non-ſeulement contraires à leurs propres Statuts, à l'établiſſement des Univerſités, à la poſſeſſion des Religieux, au droit des Evêques, à la Juriſprudence des Arreſts ; mais même qu'ils ſont inutiles, deſtitués de motifs, & qu'ils tirent à des conſequences dangereuſes.

La réfutation de toutes ces idées ne ſera pas difficile ; elle dependra de la preuve des cinq propoſitions ſuivantes.

La premiere ; l'établiſſement des Univerſités, les Ordonnances, & les Loix du Royaume, les Statuts de l'Univerſité de Bordeaux, ont déterminé les Décrets qu'elle a decerné le 11 Mars, & le 7 Septembre 1721.

La deuxiéme ; ces Ordonnances ſont aujourd'hui dans toute leur vigueur.

La troiſiéme ; l'Arreſt du Conſeil d'enhaut rendu en faveur de l'Univerſité de Poitiers, doit être declaré commun avec l'Univerſité de Bordeaux.

La quatriéme ; l'examen des Theſes ſoûmis aux Univerſités, n'a jamais pû bleſſer le Jugement des Evêques ſur la foy.

La cinquiéme ; il y a un grand bien à eſperer de l'execution de ces Décrets, il y auroit un grand inconvenient à ne pas les executer.

Sous cet ordre & arrangement, on ramenera tous les diſcours vagues des Ordres Religieux, on reſoudra les differens ſophiſmes qu'ils ont propoſé, & on preſentera les veritables idées qu'on doit avoir de cette affaire.

Mais avant d'entrer dans l'explication de ces differentes propoſitions, qu'il ſoit permis, SIRE, aux Supliants d'obſerver à V. M. que le ſieur Avocat General qui porta la parole dans cette cauſe, conclût à l'execution de ces Décrets ; il prouva que les Ordonnances, les Edits, les Declarations & les Arreſts du Conſeil avoient par avance decidé la queſtion dont il s'agiſſoit, il démontra que les Religieux ne pouvoient faire ſoûtenir publiquement des Theſes ſur la Doctrine dictée dans l'interieur de leurs

Conclusions du Sr Avocat Général qui porta la parole dans cette cause, conformes à la prétention de l'Université.

Cloîtres, sans les communiquer avant à l'Université, à la Jurisdiction de laquelle ils devenoient assujettis, dès qu'ils vouloient faire des Actes semblables à ceux qui se soûtiennent dans les Universitez, qui devoient par leur établissement veiller à ce qu'on n'enseignât publiquement d'autre Doctrine, que celle qu'on doit dicter dans les Ecoles publiques; il observa que differentes Theses, dont l'une fut soûtenuë chez les P P. Minimes, l'autre chez les PP. Cordeliers sur la grace, & l'autre chez les Benedictins, dans laquelle on avoit dit, *Christus pro omnibus non mortuus est.* Avoient reveillé l'Université pour la conservation de la pureté de la Doctrine; il ajoûta que l'Université en donnant ces Décrets avoit seulement suivi les Ordonnances, qui la rendoient responsable de toutes les propositions qui se trouveroient inserées dans les Theses; ce qui marquoit suffisamment la necessité & l'obligation de les lui communiquer avant de les faire Imprimer, il établit enfin que ces Décrets étoient necessaires pour le maintien des Libertés de l'Eglise Gallicane, & qu'il seroit très-dangereux d'en empêcher l'execution.

Objection des Religieux, prise de ce que les Conclusions du sieur d'Albessard pour lors Avocat General, se trouvent inserées dans l'Arrest.

Les Religieux ne se sont deffendu de la sagesse, & de la solidité de ces motifs, qu'en se jettant dans toutes sortes d'inconsiderations. Ils ont d'abord affecté de l'étonnement d'une chose qui n'a rien, que de très ordinaire. On voit, disent-ils, dans le vû de l'Arrest attaqué, ce qui n'avoit jamais parû; un plaidoyer & des conclusions de la personne publique, contre le sentiment de laquelle l'Arrest a été rendu. De ce faux étonnement ils passent à la plus haute imprudence. Ils attaquent personnellement le deffenseur des Droits de V. M. il s'est livré, disent-ils, aux prejugés de la naissance & de l'éducation; son pere estoit Professeur dans l'Université, son frere l'est encore aujourd'hui, c'en est assez; il a fermé les yeux à la Justice; il n'a envisagé que les Droits de l'Université, il est surprenant, continuënt-ils, qu'ils ayent obtenu gain de cause, ayant en tête un adversaire si redoutable. (*a*)

(*a*) Fol. 16. R. de l'Inventaire de production des Religieux.

RE'PONSES.

Ces raisonnemens qui tiennent bien moins de l'objection solide, que de la satyre, ne laisseront aucune sorte d'impression. Il n'est personne qui ne sçache que les Arrests rendus à l'audiance sur les questions qui interessent la Police generale & le public, contiennent ordinairement dans leur vû, les conclusions & les motifs de la personne publique; c'est un usage certain & autorisé par des Arrests de reglement qu'on observe dans tous les Parlemens. Les Supliants ont pû, tout comme ces Religieux le pouvoient, faire mettre dans le vû de l'Arrest les conclusions de l'Avocat General, & les motifs qui en faisoient le fondement; cette attention estoit dûe à l'importance de l'affaire. On ne sçauroit raporter assez exactement tout ce qui a precedé le jugement d'une cause aussi interressante, & publique; & s'il est vrai comme ces Religieux le disent si hautement, que la seule prévention & un interest particulier ayent dicté les conclusions de cet Avocat General, pourquoi se plaignent-ils du soin qu'on a eu à en montrer les motifs; le parallele de cet Arrest & des conclusions leur déplairoit-il? ne donne-t'il point un trop grand jour à l'injustice, & aux contraventions sensibles qui renversent l'Arrest?

Quant à la critique qu'ils addressent personnellement au sieur d'Albessard, quoiqu'il n'ait parlé dans cette affaire que comme dépositaire & deffenseur des Droits de V. M. elle est trop mauvaise, & en même tems trop injuste, pour estre goûtée de personne. Les rares talens qui ont éclaté dans ce Magistrat

trat pendant 22 années qu'il a esté Avocat General, & qui ne le distinguent pas moins dans la Charge de President à Mortier, dont il est actuellement pourvû, n'auroient-ils point dû imposer à ces Religieux un peu plus de circonspection, & de retenuë ? présumera-t-on un seul moment que ce Magistrat n'ait point esté le maître de choisir, entre l'execution des Loix les plus respectables du Royaume, & les préjugez de la naissance, & de l'éducation, ausquels on ose avec tant d'indiscretion l'asservir.

Loin donc qu'on entende l'Université se deffendre d'un pareil reproche, on la verra au contraire s'en aplaudir, & en tirer sa plus grande gloire. Si on a dit d'elle qu'elle estoit célebre pour avoir formé, & produit de grands personnages, comment la surnommera-t'-on aujourd'hui que l'on voit sortir de son propre sein de ces hommes utiles, & recommandables à l'Etat ? Cet éloge ne sera pas mis au nombre de ceux, qu'on peut regarder comme suspects ; s'il a trouvé place ici, ce n'est que par le propre fait & l'aveu des Ordres Religieux. (a)

Ces observations ainsi faites, les Suplians viennent à l'examen des cinq propositions, qu'ils se flattent de démontrer.

(a) Fol. 7 recto de la Requeste presentée par les Religieux à Sa Majesté. Idem fol. 1. recto & verso du Memoire imprimé par les Religieux lors de la Plaidoirie de la cause à Bordeaux, ils y disent en parlant de l'Université de Bordeaux. *Mille foro dedit juvenes, bis mille sacrus. Aliquit, numero purpureique togis.*

PREMIERE PROPOSITION.

L'établissement des Universitez, les Ordonnances & les Loix du Royaume, les Statuts de l'Université de Bordeaux, ont déterminé les Décrets qu'elle a décerné les 11 Mars & 7 Septembre 1721.

De toutes les Universitez qui sont dans le Royaume, la premiere, & la plus ancienne est sans contredit celle de Paris ; elle a eû pendant long-tems, le glorieux avantage, d'être seule l'arbitre de la Doctrine, le plus ferme apuy de la Religion, & des Loix de l'Etat. On l'a vûë maintenir avec un zele qui est consacré dans les siecles à venir, les Droits de la Couronne, les Libertez de l'Eglise Gallicanne, le pouvoir des Evêques, les fonctions des Curez, la primauté du Siége Apostolique, & l'Ordre Hiérarchique.

Modele des autres Universitez, que les Roys ont depuis érigées dans les grandes Provinces du Royaume, elle en est la source, l'origine & tout le principe : semblable à un grand fleuve, qui roulant avec majesté ses eaux salutaires, se divise & se reproduit en plusieurs canaux ; cette premiere Université du monde s'est trouvée accruë, & multipliée dans l'établissement de plusieurs Universitez, qui en sont devenues comme autant de membres : dignes filles d'une mere aussi celebre, elles concourent depuis plusieurs siecles avec elle, au maintien de l'unité de la foy, & à l'éloignement de tout ce qui pourroit porter quelque atteinte à la pureté de la Doctrine ; c'est la Police qui leur est confiée, c'est le principal droit, & devoir attaché à leurs fonctions, c'est ce même droit, SIRE, que l'Arrest attaqué enleve à vôtre Université de Bordeaux.

Les Universitez, on le sçait, sont les dépositaires de l'instruction uniforme que reçoivent les jeunes sujets d'un Etat ; elles les guident dans le chemin de la vraye Religion, & dans la connoissance des saines Maximes du Royaume, elles impriment dans leur cœur des principes qui sont les mêmes, & absolument uniformes entr'eux ; de là cette unité de sentimens, & ce zele inviolable, qui réünis ensemble concourent à la conser-

B

vation des Droits de nos Roys, & de leur Couronne.

Cette instruction uniforme s'étend sur deux points, qui sont le fondement de la Monarchie: la Religion, & la Justice.

Ce fût dans ces vûës, que ceux qui jetterent les premiers fondemens de l'Université de Paris, voulurent qu'elle fût composée d'un certain nombre de sçavans, dont les uns s'apliqueroient à former les jeunes sujets destinés à la Magistrature, ou au Barreau, & les autres travailleroient à instruire, & à cultiver ceux qui devoient être les Pasteurs des peuples, & leur prêcher la vraye Religion.

Cette économie, & cette Police furent religieusement observées; il ne fut permis qu'à ces seuls sçavans d'enseigner en public, chacun la partie des sciences, qui leur étoit confiée. On trouve dans les anciennes pancartes de l'Université de Paris, que les Peres Jacobins ayant voulu dès ce tems-là, dicter & rendre leur Doctrine publique, il leur fût fait deffenses par Arrest du Parlement de lire ailleurs, que dans leurs Cloîtres, à huis clos. (a)

(a) Pasquier liv. 3. p. 291. des recherches de la France.

L'Objet donc de nos Roys dans l'érection qu'ils ont faite successivement de ces differentes Universités, a esté de faire regner la vraye Religion, & d'entretenir dans leur Royaume des sources de science, & de lumiere, dans lesquelles leurs sujets pourroient se former, & puiser des deffenses contre les ennemis de l'Eglise & de l'Etat.

Quelques recommandables que soient ces établissemens, les Religieux n'ont pas craint de leur comparer, celui qu'ils attribuent à leurs Ecoles particulieres.

Objections que font les Ordres Religieux, pour se soustraire à l'execution des Loix prescrites par les Roys, lorsqu'ils ont établi les Universitez.

Nos Roys ont, disent-ils, établi deux sortes d'Ecoles, également utiles à la Religion, & à l'Etat; des Ecoles publiques, ou des Universitez, & des Ecoles particulieres, qui se tiennent dans les Convents pour l'instruction des jeunes freres: ces Ecoles ont toûjours esté independantes les unes des autres. Il est d'usage qu'après un cours de Philosophie, & de Théologie, des Theses se soûtiennent dans les Monasteres, comme il est d'usage d'en soûtenir dans les Universitez; c'est à quoi se réduit le sentiment des Religieux sur ce point.

Quel systeme; quels principes; à combien de reflexions ne donnent-ils point lieu.

REPONSES. 1°. Est-il bien vray que les Ecoles des Universitez, & celles des Convens ayent esté, & soient également utiles à la Religion, & même à l'Etat; Ce langage des ordres Religieux est-il assez modeste? Si l'utilité de ces Ecoles est égale, pourquoi plusieurs membres de ces Communautez ont-ils fait, & font-ils tous les jours tant de mouvemens, pour obtenir des chaires dans les Universitez?

2°. On n'a jamais disconvenu que cette indépendance, que les Religieux attribuent à leurs prétenduës Ecoles, ne peut avoir lieu, lorsqu'ils les renferment *intra Claustra sua*; la liberté de faire leurs exercices dans l'interieur de leurs Cloîtres, leur reste toute entiere: sur ces sortes de fonctions l'Université n'a point prétendu d'inspection, ni de superiorité; le propre texte de son Décret en fournit une preuve bien claire. *Non obstabit tamen Academia*, y est-il dit, *quin, non observatis præfatis legibus in domibus religiosis, regularibus, seu Monasteriis, novicii & alii studentes Religiosi inter privatos parietes informentur, & excolantur privatis exercitationibus, id modo fiat sine Thesibus, typis, mandatis; & clausis Januis.* Que les Ecoles de ces Religieux demeurent suivant leur établissement, & comme ils en conviennent eux-mêmes dans leur Requeste, des Ecoles particulieres, qu'ils cessent d'entreprendre de faire des actes, & des exercices publics ; leurs Ecoles seront alors indépendantes de l'Université, elle les laissera dans la dépendance des Superieurs de leurs Monasteres.

3°. Le parallele qu'on a fait entre l'usage, où sont les Universitez de faire soûtenir des Theses après leur cours de Philosophie, & de Théologie, & le prétendu usage de faire également soûtenir des Theses à la fin de chaque cours dans les Monasteres ; est-il juste ? on sçait que l'usage des Universitez est de leur institution, il est fondé sur les Bulles, & sur les Patentes de leur établissement ; l'usage duquel ces Religieux se flatent, est-il aussi ancien que leur institut ? est-il fondé sur des Bulles, & des Patentes ? que de reflexions à faire sur un pareil sujet ?

On ne recevoit anciennement dans les Monasteres des sujets, que pour les exercer dans la vie chrétienne, dans la priere, & dans le travail des mains. Si cela estoit ainsi aujourd'hui, y verroit-on des cours de Philosophie, & des cours d'une Théologie trop abstraite, & plus qu'inutile, pour conduire les Religieux à la fin de leur institut ?

Quand ces cours de Theologie, & ensuite ceux de Philosophie ont esté introduits dans les Monasteres, il peut y avoir eû des exercices & des actes particuliers, qui ne paroissoient point au-dehors, & qui estoient renfermez dans les limites des Convens.

Mais depuis qu'un esprit de vanité s'est introduit dans les Monasteres, il a fait ajoûter à leur exercices particuliers des Actes publics, dont la celebrité s'est accruë peu à peu jusqu'à égaler, & même à surpasser celle des Actes des Universitez. Des Theses manuscrites, ils ont passé aux Theses imprimées, ils ont ensuite orné ces Theses, ils les ont répanduës dans le public ; les portes des Cloîtres ont esté ouvertes, les plus grandes salles, celles mêmes destinées pour les Chapitres, les Eglises ont esté converties en Ecoles ; ainsi les Moines s'écartans insensiblement de la modestie religieuse, ont perdu de vûë leur ancien estat, & ont oublié les motifs, qui les avoient conduits dans leurs Monasteres.

Tel est l'usage abusif introduit depuis peu dans les Convens, sur lequel les Religieux se fondent aujourd'hui, pour vouloir prescrire contre le droit des Universitez, & nommément contre celui de l'Université de Bordeaux.

C'est ce même usage, SIRE, qui les a aveuglés jusqu'à oser confondre leurs pretenduës Ecoles avec celles des Suplians, soit dans leur établissement, soit dans leur publicité, & prérogatives, soit dans leur utilité au bien de la Religion & de l'Etat.

C'est enfin l'usage, ou plûtôt l'abus qu'ils reclament le plus aujourd'hui, & c'est en lui que semble resider tout le salut de leur cause. Il avoit subsisté, s'écrient-ils ? pendant près de trois siecles, l'Université de Bordeaux s'est avisée de le renverser par ses deux Décrets, dont le dernier n'a même esté rendu que pour complaire aux PP. Jesuites, il les rend independans parce qu'ils ont deux chaires dans l'Université, il leur assujetit par là tous les autres Ordres, qui n'ont pas l'avantage d'avoir des Chaires ; & s'ils se sont oposés, continuënt-ils, à ces deux Décrets, ils ne l'ont fait que contraints par le scandale affreux qu'avoit causé leur execution dans le Convent des PP. Cordeliers.

Suite de la précedente Objection.

REPONSES. Comment s'eſt formé cet uſage abuſif ? de quelle maniere s'eſt-il inſenſiblement gliſſé dans les Monaſteres ? on vient de l'expliquer. Que l'uſage de faire, dans les Ecoles particulieres des Moines, des exercices particuliers ait pû ſubſiſter pendant près de trois ſiécles on n'entre point dans cet examen ; mais celui d'y faire des exercices publics & ſolemnels, eſt un uſage nouveau, abuſif, & de dangereuſe conſequence.

Le Décret de l'Univerſité de Bordeaux, n'a aucun raport, on le repete, à ce qui ſe paſſe dans l'interieur du Cloître, il ne porte aucune ſorte d'atteinte aux uſages que les moines peuvent avoir à cette occaſion, il concerne ſeulement les exercices, qui ſe font *ſolemniter & publicè*. Ce Décret n'eſt même que trop moderé. Quand l'Univerſité ſe ſeroit opoſée à ce que les Religieux ne puſſent en aucune façon ſoûtenir publiquement des Theſes imprimées, ni manuſcrites, elle n'auroit fait que ſe conformer aux regles, & à ce qui ſe pratique dans le Royaume.

Quant à la complaiſance que ces Ordres veulent que l'Univerſité ait eu pour les PP. Jeſuites, le ſeul eſprit de jalouſie leur aura fourni cette imagination. On en ſera aiſément perſuadé, pour peu que l'on rapelle les diſpoſitions de ſon Décret, le ſeul deſir de ramener le bon ordre, ſans inquieter aucun de ceux, auſquels ce bon ordre pouvoit s'adreſſer, l'a dicté. Il n'aſſujettit point aux Jeſuites les autres Religieux ; puiſque ces Ordres peuvent s'abſtenir de faire ſoûtenir des Actes publics, & qu'au cas qu'ils les veüillent faire ſoûtenir, ils ont la liberté de ſoûmettre leurs Theſes, à d'autres Profeſſeurs de la Faculté de Theologie, qu'aux Jeſuites.

Le ſcandale affreux, qu'ils diſent que l'execution de ces Decrets a cauſé chez les Cordeliers, n'attirera également aucune attention. Quel peut avoir été ce trouble ? qu'elle en aura été la cauſe ? les Supliants l'ignorent abſolument. Ce qui s'eſt paſſé dans ce Convent renferme quelque myſtere monacal dans lequel ils n'ont jamais entré ; mais que ce ſoit ſimple querelle arrivée entre les Moines, que ce ſoit veritablement un ſcandale affreux, y en auroit-il eu ? Si le Gardien de ces Religieux avoit imité ou le Prieur des Feuillans, en ne faiſant point ſoutenir de Theſes publiques, & en faiſant ſeulement des exercices particuliers, ou le Recteur des Jeſuites, en permettant que les Theſes publiques fuſſent examinées par un Docteur Regent de la Maiſon ; comme le Recteur des Jeſuites permet que les Theſes publiques qu'ils ſoutiennent dans leur College, ſoient examinées par les Jeſuites, qui ſont Docteurs-Regens de la Faculté, dont la Theſe traite.

Qu'ajoûter à ces differentes obſervations ? la conviction qu'elles laiſſent à l'eſprit de la ſageſſe de ſes Decrets, & de leur conformité à l'établiſſement des Univerſitez, pourroit-elle être plus entiere ?

Mais ne ſont-ils point également conformes à l'Ordonnance de Blois, & à celle de Louis XIII. c'eſt ce qu'on va examiner.

L'Article LXX. de l'Ordonnance de Blois s'explique dans ces termes: *Tous Profeſſeurs, & Lecteurs des Lettres & Sciences tant divines que profanes, ne pourront lire en aſſemblée & multitude d'Auditeurs, ſinon en lieu public ; & ſeront ſujets au Recteur, Loix, Statuts & Coutumes des Univerſitez, où ils liront.*

Fauſſe interpretation que les Ordr. Religieux font de l'Ordonnance de Blois. Si l'on s'en rapportoit à la façon de penſer des Religieux, cet Article de l'Ordonnance ne les aſſujetiroit point aux Loix, Statuts & Reglemens des Univerſitez, il ne parleroit que de ceux qui enſeignent dans les Univerſitez,

versitez; ce ne seroit qu'à ces Professeurs & Lecteurs, que les défenses de tenir des Ecoles particulieres seroient adressées; & loin de confondre les Maîtres des Ordres Religieux, avec les Professeurs soûmis aux Universitez, il ordonneroit aux Religieux conformément à l'Article XXV. de tenir des Ecoles particulieres dans leurs Convents.

Cet argument est un sophisme dans toutes ses parties, il est appuyé sur une restriction mal imaginée, & sur une proposition absolument fausse. Les Religieux en ont assez dit pour déterminer V. M. non-seulement à faire des défenses expresses de soutenir chez eux des Actes publics & solemnels; mais même à faire étudier leurs jeunes Freres dans les Ecoles de cette Université.

Ce point de la cause est important; pour le mettre dans tout le jour qu'il merite, il faut commencer par bien établir quelle étoit la Police du Royaume à l'égard des Ecoles qui y sont autorisées, & le remede que l'Ordonnance de Blois voulut apporter aux abus qui s'y étoient introduits.

Avant cette Ordonnance il y avoit des Ecoles publiques,& des Ecoles particulieres; ces Ecoles publiques ou Universitez sont fondées sur des Bulles & sur des Patentes: les Privileges dont elles jouissent sont la sûreté de leur érection. *(a)* Veritable explication de l'Ordonnance de Blois, sur la Question dont il s'agit.

Les Maîtres de ces Ecoles publiques ne pouvoient faire leur Profession, & leurs Lectures que dans un lieu public, & ils étoient immédiatement soumis aux Recteur, Loix & Statuts des Universitez.

Telle étoit la Police dans les Ecoles, tel étoit l'ordre qui devoit y être observé: mais quels abus y vit-on paroître dans le cours du XVI. Siécle, & quels remedes l'Ordonnance de Blois voulut-elle y apporter? c'est ce qu'il faut expliquer, pour bien comprendre les dispositions qu'elle renferme.

Des Professeurs publics imbus des erreurs,& des heresies de ce Siécle, voulurent prêter leur ministere pour les repandre; & comme les Recteurs des Universitez,& les autres Officiers préposez sous eux, veilloient avec une vigilance incroyable à la conservation de la Doctrine Catholique; ces Professeurs,& Lecteurs firent differentes tentatives sous des prétextes spécieux, & en interessant même les Puissances, pour se soustraire aux Loix, Statuts, & Coutumes des Universitez, & en consequence à l'inspection de leur Recteur,& de leurs autres Officiers. *Evenemens qui donnerent lieu aux Articles XXV. & LXX. de l'Ordonnance de Blois.*

Ces entreprises,& ces projets n'ayant pû réussir, ils tenoient dans d'autres Ecoles, que dans les Ecoles publiques, des assemblées où il y avoit multitude d'Auditeurs. *(a)* *(a)* Tous ces faits sont justifiés dans le sixiéme tome de l'Histoire de l'Université de Paris par du Boulay.

Les Precepteurs qui étoient dans les Monasteres, & Convents tomberent dans un autre abus; loin d'entreprendre de faire des Actes publics & solemnels, on leur vit cesser leurs fonctions, & exercices conventuels, ou ils s'en acquitterent avec une negligence aussi desavantageuse aux Monasteres, que s'ils les avoient entierement abandonnez.

On sçait dans quelle ignorance tomberent les Maisons Religieuses: écart si dangereux, que l'Etat après avoir épuisé toute la severité des Loix, pour les rappeller à leur Institut, reçut avec plaisir le secours de quelques Religieux qui avoient conservé l'amour de la Regle, & qu'il les autorisa pour introduire la Reforme dans plusieurs de ces Maisons.

Il y avoit dèja longtems qu'on avoit observé que les Etudes des Moines dans leurs Ecoles particulieres, étoient sujettes à un inconvenient plus

C

dangereux à l'état, que ne pouvoit être ou la negligence, ou la cessation de ces Etudes dans leurs Convents & Monasteres.

Ceux qui sçavoient, & qui sçavent reflechir, sur tout quand ils sont imbus des bonnes maximes du Royaume si précieuses à l'état, n'avoient & n'ont pas de peine à s'apercevoir que ces maximes n'estoient & ne sont que très-alterées, & au moins affoiblies, pour ne pas dire contredites, & tout-à-fait éteintes dans ces Ecoles. Ils sçavoient, & ils sçavent que ces études ne formoient, & ne forment presque toûjours que des gens entêtez de leurs propres sentimens, présomptueux de leur sçavoir, & trop entreprenans ; parce qu'ils sont d'une part peu instruits de la capacité & du merite des autres, & que d'autre part ils se croyent au dessus du danger.

Ce fut, pour remedier à tous ces inconveniens, qu'il fut resolu que les Religieux de tous les Ordres, même ceux des Mandians seroient tenus d'étudier dans les Universitez. Les Etats de Blois en firent une Loi generale par leur Ordonnance de 1579. *Les Abbez, Convens, & Prieurs Conventuels*, porte l'Art. XXVI. de cet Ordonnance, *seront tenus d'entretenir aux Ecoles, & Universitez tel nombre de Religieux que le revenu de l'Abbaye, Prieuré, ou Convent pourra porter, à quoy sera employée la portion monachale des Etudians, & si elle n'est suffisante, sera parfournie par lesdits Abbez, Prieurs & Convents.*

De quelle importance ne seroit-il point de rappeller aujourd'huy ces sages dispositions ? le soulevement des Ordres Religieux à la vûe des Decrets des Supliants, annonce assez combien elles seroient utiles.

Renouveller, SIRE, ces Loix, ce seroit rappeller à l'ancien esprit de leur discipline, tous les Ordres Religieux, & toutes les Communautez qui veulent que leurs Sujets soient instruits des bonnes & saintes Lettres. Lorsque les Etats de Blois ont établi dans tout le Royaume cette même Police par une Loy qui n'a point été annulée, qui a été au contraire confirmée par les Ordonnances qui ont été rendues ensuite, ils n'ont fait que se conformer à l'ancien esprit, & aux saintes intentions des Chefs des Ordres Generaux, Abbez, Prieurs, & autres Superieurs de tous les Ordres Religieux, & mêmes des Ordres Mandians.

Les preuves autentiques de cette ancienne Police dans les Maisons Religieuses existent encore ; & la durée de plusieurs siécles n'a pû les effacer. elles sont, SIRE, sous les yeux de V. M. on voit dans votre Université de Paris les Colleges de ces differents Ordres, qui subsistent encore depuis quatre ou cinq siécles : ceux de Cluny, des Mathurins, de Grammont, des Prémontrez, de la Mercy, ceux des Jacobins, des Augustins, des Cordeliers, & des Carmes & autres ; on sçait que ces Colleges ont des revenus pour y entretenir des Etudians, & que les differentes Maisons Religieuses qui sont dans les Provinces, sont tenues de fournir certaines sommes pour leur entretien.

Ces observations conduisent à une intelligence parfaite des Articles XXV, & LXX. de l'Ordonnance de Blois. En effet on concevra aisément que l'Article XXV en ordonnant qu'il sera entretenu dans chaque Abbaye & Prieuré conventuel un Précepteur, pour instruire les Moines & Religieux, ne leur donne aucunes Ecoles, & qu'il ordonne seulement qu'il y aura un Précepteur, ou un bon & notable Personnage, pour instruire leurs jeunes Freres. Il paroît que cette instruction ne doit être que sur les bonnes, & saintes Lettres, & qu'elle ne doit consister qu'à former les Novices en mœurs, & discipline Monastique : Etude bien éloignée de celle que les Moines ont introduit depuis ce tems dans les Convents & Monasteres. On voit même que ce Precepteur qui doit être entretenu,& stipendié aux dépens de l'Abbé ou Prieur, est un Etranger, qui a fait preuve de sa capacité, & qui en a quelque titre, & quelque Grade : cette Police d'apeller des Maîtres Etrangers qui ne soient pas Religieux, subsiste actuellement dans plusieurs Monasteres.

OBJECTION. Croire que le mot de Precepteur contenu dans cet Article de l'Ordonnance difere de celui de Professeur, & Lecteur porté par l'Article LXX. de la même Ordonnance, c'est tomber dans une équivoque grossiere.

RÉPONSES. 1°. Ces termes, *tous Professeurs & Lecteurs des Lettres & Sciences tant divines que profanes* dont se sert l'Article LXX. sont clairs, ils ne souffrent ni exception, ni restriction, ils comprennent generalement tous ceux qui lisent en assemblée d'Auditeurs ; qui dit tout, n'exclut rien. Ce n'est point aux qualitez, & dénominations, que ceux qui font ces Lectures peuvent prendre, que l'Ordonnance doit s'appliquer ; mais seulement au genre de leurs fonctions ; s'il les font au dehors & en public, c'est le cas prévû par l'Ordonnance, alors ils deviennent sujets au Recteur, Loix, Statuts & Coutumes des Universitez, soit qu'ils soient dénommez Professeurs, Lecteurs, & Precepteurs ; tous ces termes étant dans ce cas synonimes & relatifs à une même chose, qui est à la publicité des Actes.

2°. L'Ordonnance de Blois parle dans l'Article XXV. & dans l'Article LXX. de ceux qui font des Lectures ; dans le premier, qui est le XXV. elle les qualifie de Precepteurs, dans le suivant, c'est-à-dire dans le LXX. elle les appelle Professeurs, & Lecteurs ; c'est certainement leur apliquer indifferemment les noms de Professeurs, de Lecteurs, & de Precepteurs ; c'est les comprendre également sous ces trois dominations : ces deux Articles ne font qu'une disposition par raport au terme, parce que celle du dernier étant subsequente & generale, elle est relative à celle qui la precede, & qui est de la même espece, *refertur ad præcedentia ejusdem generis*.

3°. Enfin les termes de l'Art. XX. de l'Ordonnance d'Orleans dissipent entierement cette mauvaise équivoque ; ils portent, qu'*en chacun Monastere il sera entretenu, & stipendié aux dépens de l'Abbé ou Prieur, un bon & notable personnage, qui y enseignera les bonnes & saintes Lettres*. On ne doutera jamais un seul instant que ce bon & notable personnage ne soit compris sous les mots generiques *de Professeurs & Lecteurs*, mentionnez dans l'Ordonnance de Blois ; on conviendra également, on le repete, que ces termes, *tous Professeurs & Lecteurs des Lettres & Sciences, tant divines que profanes*, englobent avec eux generalement tous ceux qui veulent lire en Assemblée d'Auditeurs, & en Public.

OBJECTION. Si l'Art. LXX. sans comprendre tous ceux qui voudroient lire en lieu public, & en assemblée d'Auditeurs, s'estoit renfermé à assujettir les seuls Professeurs,& Lecteurs qui lisent dans les Ecoles publiques des Universitez, aux Recteur & à ses Loix, sa disposition n'eut-elle point esté absolument inutile,& superfluë ? faut-il une Loy, une Ordonnance pour faire observer les choses qui sont de droit ; & qui parlent par elles-mêmes ? contesta-t'-on jamais que les Professeurs, Lecteurs, & Suposts ne fussent sujets aux Universitez dont ils dépendent ?

RÉPONSES. A ces reflexions il faut joindre un autre argument, qui est encore bien folide. Les Religieux conviennent dans leur Requête que les deffenses portées par cet Art. LXX. leurs font apliquables, s'ils veulent ériger leurs Ecoles, en Ecoles publiques : Or que ce soit là précisement leurs entreprises, & tout le grief des Suplians contr'eux, rien n'est aussi clair; on prouvera par des pieces autentiques, & ces Religieux n'en disconviennent point,(a) qu'ils font imprimer des Theses, qu'ils y mettent des dédicaces, qu'ils les distribuent dans le Public, & qu'ils les soûtiennent dans leurs propres Eglises publiquement, & en Assemblée d'Auditeurs, trouvera-t'on des marques plus certaines de publicité ? à de telles circonstances seroit-il possible de se méprendre ? les Eglises des Convens, où ils font soûtenir leurs Theses, ne représentent-elles point un lieu public, ouvert à tous les Fideles ? Y a-t'il une preuve plus sensible de publicité, & de solemnité, que l'impression des Theses, que l'invitation, la convocation des externes, & la multitude des Auditeurs?

Mais résumons ici les dispositions de cet Art. LXX. de l'Ordonnance de Blois, il porte 1°. Que les Professeurs, & Maîtres des Ecoles publiques des Universitez ne pourront faire leurs Lectures en assemblée, ou multitude d'Auditeurs, qu'en lieu public. 2°. Qu'ils seront soûmis aux Recteurs, Loix, Statuts & Coutumes de l'Université.

Ainsi cet Article comprend-t'-il les Maîtres des Ecoles des Moines ? les assujettit il aux Loix, Statuts & Coutumes des Universitez ? non sans doute, si toute la fonction de ces Maîtres se renferme à expliquer les bonnes & saintes Lettres, à former les Novices en mœurs, & discipline Monastique, & à ne point sortir de leurs exercices particuliers pour convoquer des Assemblées & multitude d'Auditeurs.

Mais si leurs exercices font publics, & les Actes qu'ils font soûtenir solemnels dans les Assemblées, où il y ait multitude d'Auditeurs. C'est le cas prévu par l'Ordonnance ; il est certain qu'alors ils deviennent soûmis aux Recteur, Loix, Statuts & Coutumes des Universitez, tout comme les Professeurs & Lecteurs dont parle l'Art. LXX. de l'Ordonnance.

OBJECTION. En vain ces Religieux cherchent-ils une derniere ressource dans l'Art. II. de l'Ordonnance d'Orleans, ils ne sçauroient persuader que cet Edit en ordonnant qu'ils entretiendroient un notable personnage dans leur Monastere, pour instruire les Novices, avoit entendu leur permettre de faire soûtenir des Theses en Assemblée & multitude d'Auditeurs.

REPONSES. On a expliqué à quoi pouvoient s'étendre les fonctions de ce Precepteur, ou notable personnage ; elles ne peuvent sortir du fonds, & de la solitude du Cloître; tout leur pouvoir est d'y expliquer les bonnes & saintes Lettres, & d'y former les Novices en mœurs, & discipline Monastique, ce qui se trouve conforme à l'Article XXV. de l'Ordonnance de Blois, qui n'autorise également l'entretien d'un Precepteur, que pour instruire les Moines, & Religieux.

(a) Explication de l'Ordonnance de Louis XIII. L'Ordonnance de Loüis XIII. de l'année 1629. renverse encore la prétention de ces Religieux. L'Article XLIV. de cette Ordonnance est entierement conforme à l'Article LXX. de celle de Blois, dont on vient de faire la dissertation, tout comme lui il deffend des lectures publiques, ailleurs que dans les Universitez ; il ajoute seulement une amande de 500 livres contre ceux qui y contreviendront.

Comme les dispositions de ces Ordonnances dans le point dont il s'agit, sont les mêmes, l'interpretation que les Religieux leur ont donné est aussi

la

la même a trois argumens près, qui ne peuvent jamais être écoutez.

Le premier de ces argumens est ainsi conçû. Le motif de l'Article XLIV. de l'Ordonnance de Louis XIII. est d'entretenir le concours des Ecoliers dans les Universitez : les Theses qui se soûtiennent publiquement par les moines ne troublent point ce concours ; donc la disposition de cette Ordonnance ne peut se raporter à leurs Actes, & à leurs Exercices publics.

Premiere Objection prise de cet Article de l'Ordonnance de Louis XIII.

Il ne faut pas être grand Dialectien pour concevoir toute la fausseté de cet argument. Quand on tronque des propositions pour en tirer des consequences qui soient conformes à un mauvais systême qu'on s'est formé, il n'est pas difficile d'enfanter des raisonnemens pour apuyer ce systême ; c'est le vice le plus ordinaire des Moines, il est devenu peché d'habitude pour eux, ils y retombent sans cesse.

RE'PONSE S.

Commençons par raporter les propres termes de l'Article qu'ils ont cité : les voici. *A ce que les Universitez de nôtre Royaume puissent être conservées, & entretenuës en la frequence & celebrité requise pour l'avancement des bonnes Lettres, Nous deffendons à toutes personnes, soit de l'Université, ou autres, faire lecture publique ailleurs qu'aux Universitez, à peine de 500 liv. d'amande.*

Les Moines conviendront certainement que leur argument ne peut avoir lieu qu'autant que *la conservation & l'entretien des Universitez dans la frequence & celebrité,* ausquelles Louis XIII. a prevû, dépendront du seul concours des Ecoliers, c'est la restriction sur laquelle ce sophisme est apuyé : Or c'est ignorer absolument ce que c'est qu'Univursité, c'est vouloir ne pas comprendre la signification de ces termes: *frequence & celebrité d'Université*, que de leur donner pour tout attribut le concours des Ecoliers. Il n'est personne qui ne sçache que l'objet d'entretenir les Universitez dans la celebrité requise pour l'avancement des bonnes Lettres, ne fut jamais renfermé dans ce prétendu concours d'Ecoliers, il va plus loin cet objet ; c'est sur tout ce qui peut concourir à cette celebrité qu'il doit s'étendre ; qui est-ce qui peut la former cette frequence & celebrité, est-ce le seul concours des Ecoliers ? Non. C'est principalement le droit d'examen sur tous les exercices, & sur tous les actes qui se font en public ; c'est l'Inspection, la superiorité, & la Police generale qui apartiennent aux Universitez sur tous les Colleges Academiques, & sur tous ceux qui veulent lire en Assemblée & multitude d'Auditeurs ; ainsi donc ç'a n'a jamais été le seul concours des Ecoliers, qui a été le motif de la Loy prescripte par Louis XIII. ainsi l'argument qu'on a formé sur cette restriction tombe, & s'évanouït.

Le deuxiéme argument consiste à soutenir que dès que Louis XIII. n'a deffendu nulle part l'exercice des Ecoles des Religieux, il s'ensuit qu'il a permis toutes leurs Theses, & tous leurs Actes.

Deuxiéme Objection prise de l'Article 44. de l'Ordonnance de Louis XIII.

La réponse à cette Objection se trouve encore dans le propre texte de l'Ordonnance de Louis XIII. *elle deffend à toutes personnes, soit de l'Université, ou autres, de faire lectures publiques ailleurs que dans les Universitez ;* c'est certainement faire deffense tant aux Moines, qu'à toutes autres personnes de lire publiquement sans l'aprobation, & sans l'examen préalable des Universitez : ces mots, *à toutes personnes soit de l'Université, ou autres*, sont bien formels, ils renferment les Moines, & generalement tous ceux qui veulent faire des lectures publiques.

RE'PONSES.

Le troisiéme argument est singulier. Quoique nous ne soyons (disent les Moines) la plupart, que de pauvres Mandians ; cependant si la prétention de l'Université avoit lieu, Nous nous trouverions exposez à des

Troisiéme Objection prise de ce même Article de l'Ordonnance.

peines pecuniaires, à une amende de 500 liv. il arriveroit encore un autre inconvenient, en ce que les heures que défigneroit l'Univerfité pour foûtenir ces Actes, pourroient-être celles de nos prieres; ce qui troubleroit l'Office Divin : de femblables intentions, continuënt les Moines, n'ont pû partir d'un Roy auffi jufte, que l'étoit Louis XIII.

REPONSES. Qu'il foit permis de s'arrêter un moment fur le contrafte que prefente ce langage des Religieux. Si on les fuit dans la Requefte qu'ils ont prefentée à V. M: comme de nouveaux Protées on les y trouve fous toutes fortes de figures; d'abord ils s'y élevent même au-deffus des Univerfitez, ils emploient enfuite tout leur art à abaiffer. Ces Corps celebres, ils ne balancent point à leur faire le Procès, pour s'aplaudir d'avoir conservé chez eux une Doctrine fouvent équivoque, & qui fut toujours contraire aux Libertez de l'Eglife Gallicane : mais faut-il pour parvenir à ce qu'ils projettent, qu'ils abandonnent ces idées trop faftueufes; on les en verra bien-tôt fortir, & rentrer dans la pauvreté, dans le travail des mains : origine de leur Inftitut. Quelles métamorphofes ? quelle diverfité de fentiments ? qui de bonne foi pourra croire que la pauvreté, dans laquelle ils cherchent un azile contre les prohibitions qui leur font faites par l'Ordonnance de Louis XIII. lorfqu'ils font des Actes, & Exercices publics, n'ait pour objet que l'humilité ? N'eft-ce point au contraire, l'indépendance qu'ils y cherchent, la fuperiorité, & le defir de produire en public leurs fentimens, & leur doctrine, fans les expofer à aucun examen? qui eft-ce qui fe perfuadera encore que l'aprehenfion qu'ils difent avoir que l'execution des Décrets de l'Univerfité n'aporte du trouble à leurs faints Exercices, & au fervice Divin qui fe fait dans leurs Eglifes, eft une apprehenfion fincere ? que ce trouble n'eft point un trouble feint, qui renferme & cache en lui tout un autre caufe ? Enfin ces Religieux ne feroient-ils point dans le cas de certains Moines du tems de Saint Auguftin, dont il difoit : *Exigunt aut fumptus lucrofæ egeftatis, aut fimulatæ prætium fanctitatis.* (a)

(a) S. Auguftin, *lib. de Opere Monachorum.*

Au fonds cette pauvreté aparente pourroit-elle fouftraire à l'execution de l'Article XILV. de l'Ordonnance de Louis XIII. ceux des Mandians qui voudront lire en Affemblée d'Auditeurs fans aprobation des Univerfitez ? non certainement ? elle comprend generalement tous ceux qui entreprennent de faire des Exercices & des Actes publics, elle n'en excepte aucuns. Cette peine de 500 livres n'eft même qu'une nouvelle précaution, que l'Ordonnance de Louis XIII. ajoûte à celles que l'Ordonnance d'Orleans, & enfuite l'Ordonnance de Blois avoient déja prifes pour foumettre abfolument les Actes & les Exercices publics à l'examen, & à la direction des Univerfitez.

C'eft donc un principe inconteftable prouvé par les Etabliffemens des Univerfitez, par les Ordonnances d'Orleans, par celles de Blois, & par celles de Louis XIII. que la principale fonction d'une Univerfité confifte dans l'infpection, dans la direction, & dans l'examen de Thefes qui fe foutiennent publiquement.

Quoy que ce droit n'ait jamais été reclamé envain par une Univerfité à qui on auroit voulu l'ôter, quoyqu'il foit commun & fi intimement attaché à toutes les Univerfitez, que fans lui une Univerfité ne feroit plus pour ainfi dire Univerfité; mais feulement un être de raifon, & un vain phantôme, il est néanmoins toujours combattu par les Religieux; c'est jusques dans leurs propres Statuts qu'on cherche à le détruire.

Avant d'entrer dans la Dissertation qu'ils font de ce Statut, il faut commencer par en raporter le texte: *Item, statuimus quod nullus à cætero cujuscumque conditionis vel facultatis existat, sive Baccalaureus, sive Scholaris, sive de Universitate, sive non, ausu quocumque temerario publicas Quæstiones, communes, vel privatas ponere, vel disputare præsumat, sine licentia Regentis illius Facultatis petita & obtenta; quod si quis aliter facere præsumpserit rebellis & inobediens sit censendus, & arbitrio Rectoris & Consilii veniat poniendus.* Nolumus tamen, ajoute ce Statut, *in nostro Statuto Religiosorum Privilegiis, quibus datum est posse disputare in Scholis suis, presidente aliquo Religiosorum per Capitulum Generale Provinciale, vel Conventuale solemniter electo quovis modo derogare.*

(b) Objections prises du Statut de l'Université.

Voicy l'argument au moyen duquel on prétend que l'Université de Bordeaux ait travaillé par ses propres Statuts à l'impossible; c'est-à-dire à la conservation de ses Privileges, & tout a la fois à la destruction de ces mêmes Privileges. Elle fait, dit-on, d'abord deffenses à toutes personnes de soutenir des Theses en public, sans la permission d'un Docteur Regent de la Faculté, elle déclare ensuite qu'elle n'entend pas déroger aux Privileges que les Religieux ont de faire soutenir des Theses, où préside quelque Sçavant de l'Ordre choisi en plein Chapitre, General, Provincial, ou Conventuel; or ce Statut ne doit point s'entendre des Theses non imprimées, & des Exercices qui se font *januis clausis*, ce qui est la prétention de l'Université; on tâche de fortifier ce raisonnement par les trois réflexions suivantes.

La premiere; parce l'Université défendant d'une part de soutenir des Theses en public sans sa permission, & exceptant d'autre part les Religieux, il est d'une consequence certaine qu'elle leur permet ce qu'elle défend aux autres.

La deuxiéme; ce qu'elle permet aux Religieux est fondé en Privileges; or il ne faut point de Privileges pour enseigner dans l'interieur des Monasteres, pour instruire les Religieux.

La troisiéme; il doit s'agir de Theses imprimées permises aux Religieux par l'Université; car il s'agit de Theses où il y a un Président élu par le Chapitre: or on ne choisit un Président que pour des Theses imprimées, & ausquelles les autres Ordres Religieux sont invitez.

C'est à quoy se réduisent toutes les objections des Religieux sur les Statuts des Supliants; on a pris soin de les raporter dans toute leur force, parce que c'est un des moyens qu'ils ont le plus fait valoir au Parlement de Bordeaux.

Les Réponses qu'on va leur oposer, sont autant de démonstrations.

La premiere réflexion des Ordres Religieux tombe, parce que l'Université par son Statut ne s'est pas contentée de défendre des Theses en public, en appellant indifferemment toute sorte d'Auditeurs, & à portes ouvertes, comme le suposent les Religieux contre le texte formel du Statut qu'ils citent; la défense que porte son Statut va plus loin: les Religieux s'en sont aperçûs, & l'ayant fidelement transcrit en Latin, ils ont obmis de traduire en François deux mots décisifs: *Nullus ausu quocumque temerario publicas quæstiones communes vel privatas disputare præsumat.* Ce sont ces termes: *communes vel privatas*, qui ne se trouvent point dans la traduction, ni dans le raisonnement des Religieux; on a fait

RÉPONSES.

cette traduction, & on a raisonné comme s'ils n'y étoient point; on s'est contenté de dire que ce Statut défend de soutenir des Theses en public sans la permission d'un Docteur Regent, lorsqu'on devoit dire qu'il défend de soutenir des Theses publiques, communes, & privées, sans la permission du Docteur Regent de la Faculté.

On voit évidemment que ce Statut défend generalement à toutes sortes de personnes, soit qu'elles soient de l'Université, soit qu'elles n'en soient point, de disputer des Questions publiques, communes, & privées; mais parce que les Ordres Religieux tenoient chez eux des Ecoles particulieres, & que les jeunes Religieux dans l'enclos de leurs Maisons proposoient des Questions qui restoient toujours en elles-mêmes privées, parce qu'elles ne se soutenoient point à portes ouvertes, & que les externes n'y étoient pas admis, l'Université déclara qu'elle ne vouloit en aucune maniere donner atteinte aux Privileges des Ordres Religieux, par consequent ils eurent, comme ils ont aujourd'huy, le droit de tenir leurs Ecoles particulieres, pour y enseigner sans la permission de l'Université les bonnes & saintes Lettres, & pour former leurs jeunes Freres en mœurs & discipline monastique; voilà toute l'étendue des Privileges attribuez aux Religieux par ces termes du Statut : *Nolumus tamen Religiosorum Privilegiis, quibus datum est posse disputare in Scholis suis quovis modo derogare*, ces mots, *in Scholis suis disputare*, dissipent toute équivoque, ils ne peuvent s'entendre, & aller au de-là de la faculté que les Religieux ont d'enseigner, & de disputer dans leurs Cloîtres, *in Scholis suis*, dans l'Enclos desquelles ils doivent aux termes des Ordonnances & des Loix du Royaume renfermer tous leurs Exercices; ils ne sçauroient à la faveur d'une fausse interpretation, ajouter à leurs Privileges ce qu'ils n'ont jamais eû : *Declaratio nihil dat, nihil addit, nihil disponit, sed datum significat & ostendit, ad illud commensuratur, ad ejus fines & limites restringitur*; il est de principe que *verba Statutorum sunt tyranica*, on ne peut les étendre *huc fige predem*, dit Me Charles Dumoulin, ils n'ont jamais parlé des Theses imprimées ou soutenuës en public; ainsi donc ces Ordres ne peuvent profiter de l'exception contenuë dans l'Article du Statut, qu'ils apellent si fort à leur secours, qu'autant qu'ils renfermeront leurs disputes dans leurs Cloîtres, *in Scholis suis*.

Il en est de même de leur deuxiéme reflexion, elle n'est ni juste, ni solide.

1°. Ces Ordres ne peuvent être établis dans l'Eglise qu'en vertu des Privileges qui leur sont accordez par l'autorité Pontificale, & qu'on apelle Privileges Apostoliques.

2°. Ils ne peuvent avoir de domicile, ni faire leurs fonctions dans le Royaume que par l'autorité Royale.

3°. Ils ne peuvent recevoir des Sujets dans leurs Maisons, ni avoir des enfans que par la grace du Prince qui leur permet d'en recevoir.

4°. Ils peuvent tenir aucuns Chapitre, aucunes Assemblées, ni proposer aucunes questions publiques, même dans l'enclos de leurs Monasteres ou de leurs Convents sans cette même permission; delà vient qu'ils doivent être fondez en Privileges Apostoliques, & Royaux pour pouvoir proposer des questions, même dans l'interieur de leurs Monasteres.

Ainsi dès que c'est un principe incontestable que les Religieux ne peuvent faire aucuns exercices sans être fondez en Privileges, la distinction que

que leur avoit fait faire le mot de Privilege contenu dans cet Article du Statut ne leur deviendra-t'-elle pas absolument inutile ?

La troisiéme reflexion des Religieux tombe également par un fait qui est entierement décisif. En 1441. & 1481. tems de la fondation de l'Université de Bordeaux & que ses Statuts furent publiez, il n'y avoit point encore paru dans cette Ville d'impression ni d'Imprimeur, ce qui prouve bien formellement que ces Statuts n'avoient pû entendre parler des Theses imprimées qu'on ne connoissoit point alors.

Quelques fortes que soient ces trois réponses ; ne le paroissent-elles pas encore d'avantage, quand on observe que le droit dont il est parlé dans cet Article du Statut, a été rapellé dans les Ordonnances d'Orleans & de Blois, qui sont venuës après lui ? on a démontré que ce droit y est fixé & prescrit d'une maniere toute oposée au sens qu'on veut qu'il aye par le Statut : Or c'en seroit assez pour renverser cette disposition du Statut, suposé qu'elle fut conforme à ce que prétendent les Religieux ; parce que s'agissant d'un droit public, c'est dans les seules Ordonnances des Roys qu'il en faut chercher les dispositions. On sçait que la volonté du Prince forme toute la regle du droit public : ce Statut pris dans le sens des Religieux auroit-il l'autorité d'abolir la Loy portée par les Ordonnances venuës après lui ? Ne devroit-il pas au contraire être lui-même reformé sur cette derniere Loy, suposé qu'il y contrevint ?

Mais on demande à ces Peres ? Quand même il seroit vray que le Privilege que vous reclamez vous fut accordé par ce Statut, auroit-il la force de vous en faire joüir ? pourroit-il enlever à l'Université, sa partie la plus essentielle, & sans laquelle elle cesse pour ainsi dire d'être Université ? pourroit-il lui ôter un droit qui descend de Faculté, qui lui est inherent ? pourroit-il la priver des fonctions que les Ordonnances d'Orleans, celle de Blois, celle de Louis XIII. les Edits, les Déclarations, les Arrests du Conseil, ceux du Parlement de Paris, la Jurisprudence du Royaume, le bon ordre & le bien public lui attribuënt le plus necessairement ? Ouvrez, leur diroit-on, les yeux à la lumiere, abandonnez pour quelque tems cet esprit d'ambition qui vous fait aimer vôtre erreur, & vous verrez que vôtre projet est injuste, contraire au bien de l'Etat, & même impossible dans son execution ? Car enfin on ne peut le faire executer qu'en commençant par renverser les Loix les plus sacrées du Royaume, ausquelles il est diamêtralement oposé.

Ces mêmes principes détruisent encore les Commentaires que les Religieux ont fait sur leurs Constitutions, qu'ils disent avoir esté enregistrées au Parlement ; auroient-elles le pouvoir ces prétenduës Constitutions de les faire sortir du fonds de leur Cloître, où la Loy du Royaume les renferme quand ils veulent faire des exercices, sans ceux à qui la Police de ces Actes est confiée ? a-t'-on même osé citer ces Constitutions, & le produire ?

Après des démonstrations aussi parfaites, il faut croire que les Religieux abandonneront le retranchement qu'ils sembloient s'être fait de cet endroit du Statut, qui porte que l'Université n'entend point déroger aux Privileges que les Moines ont de disputer, *in Clauſtris suis, in Scholis suis*, & qu'ils en viendront au sens veritable que presente d'abord ce même Statut, qui est que nul ne pourra disputer des questions publiques communes, & privées sans la permission, & l'aprobation du Docteur Regent de la Faculté dont la Thefe traitra.

Les Suplians finiront ici l'examen des preuves qui ont démontré leur premiere propofition, ils ont établi que leurs Décrets avoient efté decernez par les Ordonnances, par les Loix du Royaume & par leurs propres Statuts, ils ont plus fait, SIRE, ils ont encore prouvé que tous les Monafteres devoient & eftoient obligez d'envoyer leurs Religieux étudier dans les Univerfitez ; de quelle utilité ne feroit point le renouvellement des Reglemens rendus à ce Sujet ? C'eft une queftion à laquelle le bien de l'Etat & celui du public font affez intereffez, fans qu'il foit befoin d'emprunter la voix des Suplians pour la faire réfoudre, tout leur objet dans la prefente Requefte eft de fe renfermer dans les feuls limites de leur caufe, qui fe réduit à fçavoir fi leurs Décrets peuvent être détruits, s'ils ne doivent point fubfifter.

On les a prouvez juftes ces Décrets, fages, reguliers, & neceffaires; mais ils le deviendront bien davantage, fi l'on eft en eftat de montrer que les Loix & les Ordonnances qui les ont dictés font aujourd'hui dans toute leur vigueur.

DEUXIE'ME PROPOSITION.

Les Loix & les Ordonnances qui ont dicté les Décrets dont il s'agit, font aujourd'hui dans toute leur vigueur.

Les Arrefts de Reglement qui prouvent ce point de la caufe font fans nombre, la Jurifprudence qu'ils ont établi dans le Royaume eft auffi conftante quelle y eft generale.

<small>Quenois fur les Ordonnances de l'Univerfité de Paris, § 27. Art. 25.</small>
Le Parlement de Paris rendit un Arreft le 4 Septembre 1604. qui fur la plainte du Recteur de l'Univerfité ordonna la laceration de certaines Thefes, & fit deffenfes à toutes perfonnes fous peine de la vie, de tenir ni d'enfeigner aucunes maximes contre les anciens Auteurs aprouvez, ni faire aucunes difputes que celles qui feroient aprouvées par les Docteurs de la Faculté de Théologie ; il fut ordonné que l'Arreft feroit lû <small>Journal des Audiances liv. 1. ch. 2.</small> dans l'Affemblée de cette Faculté, & tranfcrit fur fon Regiftre.

Cet Arreft avoit efté precedé d'un autre jugement émané du même Tribunal le 22 Janvier 1603. qui en ordonnant la fupreffion d'une Thefe de Theologie comme contraire aux Privileges de l'Eglife Gallicane, fit deffenfes au Syndic de la Faculté de Théologie, de fouffrir que telles propofitions fuffent inferées dans aucunes Thefes, & ordonne que l'Arreft feroit enregiftré, & envoyé aux autres Univerfitez.

<small>Deuxième Tome des Memoires du Clergé tit. 1. chap. 6.</small>
Ces Arrefts ont efté fuivis d'un troifiéme du 3 May 1663. qui décide encore très précifément le cas dont il s'agit ; il deffend à tous Bacheliers, Licentiers, Docteurs, & à toutes autres Perfonnes de foûtenir & difputer, lire & enfeigner directement, ni indirectement ès Ecoles publiques, ni ailleurs aucunes propofitions contraires à l'ancienne Doctrine de l'Eglife, aux Saints Canons, Décrets des Conciles Generaux, & aux Libertez de l'Eglife Gallicane, à peine de punition exemplaire & aux Syndics tant de la Faculté de Théologie que des autres Univerfitez de fouffrir que telles propofitions fuffent inferées dans aucunes Thefes, à peine d'en répondre en leur propre & privé nom, & d'être procedé contr'eux extraordinairement.

Les Religieux résisteront-ils à l'execution de ces Arrests, en soûtenant qu'ils ne peuvent s'apliquer qu'aux Supôsts de l'Université & aux seules Theses & disputes Academiques ? *Objection formée par les Religieux à l'occasion des Arrests du Parlement de Paris, qui leur ont été opposez.*

REPONSES.

Il est des Loix & si claires & si precises, que leur seul texte suffit, pour dissiper tout d'un coup les fausses aplications qu'on ose en faire. On peut dire que les Arrests dont on vient de faire l'Analyse sont de ce nombre ; le texte de l'un d'eux, qui est celui du 4 Septembre 1604. porte des deffenses à toutes personnes de faire aucunes disputes publiques, que celles qui seront aprouvées par les Docteurs de la Faculté de Theologie ; une telle disposition peut-elle être limitée, & astrainte aux seuls Supôts des Universitez ? ne comprend-elle point generalement toutes les personnes qui veulent faire des disputes publiques ?

Mais ces Loix qui viennent de l'établissement même des Universitez, jusques à les rendre responsables des propositions nouvelles & dangereuses qui se trouveroient imprimées dans des Theses, ont encore été autorisées dans tous les temps & dans toutes les occasions par les Loix émanées du Tribunal suprême de V. M. & des Roys ses predecesseurs.

L'Article I. de l'Edit du mois de Mars 1682. rendu sur la déclaration faite par le Clergé de France, de ses sentimens touchant la puissance Ecclesiastique, défend à tous ses Sujets du Royaume, & aux Etrangers qui y sont Seculiers, & Reguliers, de quelque Ordre, Congregation, & Société qu'ils soient, d'enseigner dans leurs Maisons, Colleges & Seminaires, & d'écrire aucune chose contraire à cette Doctrine. *Quatriéme tom. du Journal des Audiances. Liv. 5. Chap. 10.*

Si on demande aux Moines qui sont ceux à qui l'execution de cet Edit a été confiée, que répondront-ils ? doutront-ils qu'elle ne soit donnée à l'Université ? feront-ils naître quelques nouvelles équivoques sur ce point de Jurisdiction ? mais qu'ils lisent l'art. dernier de ce même Edit, & sur le champ leurs équivoques, leurs doutes seront aplanis ; il est conçû dans ces termes : *Ordonnons aux Doyens & Syndics des Facultez de Theologie de tenir la main à l'exécution des presentes, à peine d'en répondre en leur propre & privé nom.* Voilà donc les Universitez responsables en leur propre & privé nom de ce qui s'enseignera ou imprimera en quelque part que ce soit du Royaume, de contraire à la Doctrine mentionnée dans cet Edit, & par une consequence bien necessaire tenuës & obligées d'éxaminer avant ce qui peut paroître ou être enseigné à ce sujet : rendre un quelqu'un responsable d'un fait, c'est certainement dire que ce fait ne peut arriver qu'après avoir été aprouvé & examiné par ce quelqu'un.

Ces mêmes deffenses sont écrites dans la Déclaration du cinquiéme Juin 1719, elle défend *nominatim* à toutes les Universitez de permettre ou de souffrir qu'il se fasse aucune dispute dans les Ecoles sur le sujet de la Constitution *Unigenitus*.

La lettre de cachet adressée par V. M. aux Suplians le 21 Juin mil sept cens dix-neuf est encore plus précise ; il faut en raporter les propres termes, *nous vous ordonnons,* y est-il dit, *comme à toutes les autres Facultez de Théologie de notre Royaume, de ne permettre ni souffrir qu'il se fasse aucune dispute sur les matieres de la Constitution dans les Ecoles de Théologie, & dans les Theses, & autres Actes publics qui seront soutenus, à quoi vous ne ferez faute à peine de désobéïssance, enjoignons de plus au Doyen & Syndic de tenir la main à l'exécution de notre present Ordre, à peine d'en être responsable en leur propre & privé nom,* cette injonction pourroit-elle être plus formelle ? comment la concilier avec l'Arreſt attaqué ? il défend preciſément le contraire de ce qu'elle preſcrit ; que feront les Supliants dans un pareil cas ? s'ils ſe conforment à l'Arreſt du Parlement de Bordeaux, ils refuſent d'exécuter ce qui leur eſt ordonné par V. M. à peine de déſobéiſſance, ſi au contraire ils obéiſſent aux Ordres de V. M. ils contreviennent à l'Arreſt du Parlement. Quelle différence entre le motif qui a déterminé la Déclaration du 5 Juin 1719, & celui qui a fait rendre l'Arreſt attaqué ? l'obligation de proteger l'Egliſe du Royaume & d'éloigner les nouveautez & tout ce qui pourroit en troubler la tranquilité, eſt tout le fondement de la Loi prononcée par V. M, une liberté au contraire de produire en public toutes ſortes de Doctrines apuyée ſur un uſage abuſif, a été le pretexte de la Loi dictée par votre Parlement de Bordeaux.

OBJECTION. L'interpretation au moyen de laquelle les Religieux avoient tenté d'éviter les diſpoſitions des Ordonnances de Blois & de Louis XIII. vient une ſeconde fois à leur ſecours, ils la font encore ſervir à l'Edit de 1682, ils veulent qu'il n'ait de raport qu'aux Actes & exercices des Supôts de l'Univerſité; c'eſt dans le quatriéme art. de cet Edit qu'ils cherchent cette interpretation.

RE'PONSES. Mais la Loi écrite dans le dernier article de ce même Edit, eſt trop claire pour qu'elle puiſſe donner lieu à des Commentaires ; l'injonction qu'elle contient embraſſe toutes les diſpoſitions de l'Edit, la reſtriction qu'on voudroit lui donner eſt condamnée par le propre texte & la diſpoſition préciſe de l'Edit, *ubi verba ſunt clara, non admit.tur volontatis quæſtio.*

OBJECTION. Il ſemble que toute la reſſource des Religieux ſoit placée dans cette fauſſe diſtinction, ils l'opoſent encore aux titres reſpectables que les Supliants trouvent dans la Déclaration du 5 Juin 1719, & dans la Lettre de cachet qui leur a été adreſſée le 21 du même mois, cela ne doit s'entendre, diſent-ils, que des Supôts des Univerſitez.

REPONSES. Toute la réponſe des Supliants ſera d'opoſer à cet argument le propre texte de l'Ordre de V. M. qui accompagne cette Déclaration ; *Nous vous ordonnons qu'il ne ſe faſſe aucunes diſputes ſur les matieres de la Conſtitution, dans les Theſes & autres Actes publics à peine de déſobéiſſance* : Ces mots, *& autres Actes publics*, ne comprennent-ils point les Theſes que les Religieux font imprimer, diſtribuer, & qu'ils ſoutiennent en aſſemblée & multitude d'Auditeurs ? que les Ecoles des maiſons Religieuſes ſoient des Ecoles particulieres, que les Précepteurs ou notables Perſonnages par elle entretenus & ſtipendiez forment les Novices en mœurs, & diſcipline monaſtique, que leurs exercices particuliers ſoient dans l'interieur du Cloître ſans aſſemblée & multitude d'Auditeurs, ſans ouvrir les portes aux externes, ſans Billets d'invitation, qu'ils n'obſervent aucunes des ſolemnitez dont peuvent jouïr les ſeules Ecoles publiques, qu'ils demeurent dans ces bornes & limites, alors l'Univerſité de Bordeaux ne prendra aucune Juriſdiction ſur eux, alors on ne craindra point que ces Religieux agitent les matieres défendües par l'Edit de 1682, & par la Déclaration de 1719.

Ce n'eſt pas la premiere fois que la queſtion dont il s'agit a été portée devant V. M. elle l'a jugée en faveur de l'Univerſité d'Angers le 2 Août 1675, & le 31 Juillet 1676 ; les Religieux de cette Ville entreprirent d'y enſeigner une Doctrine ſuſpecte, l'Univerſité les manda, elle rendit un Décret par lequel elle leur enjoignit de preſenter toutes les Theſes

qu'ils

qu'ils voudroient faire soutenir avant de les exposer en public, & de porter chaque année leurs Ecrits, pour que leur Doctrine fût examinée à fonds : ces Décrets furent autorisez, ils furent confirmez par deux Arrests rendus au raport de feu M. de Chateauneuf Secretaire d'Etat, ils ont toûjours été depuis executez dans la Ville d'Angers ; aucune These ne s'imprime, & ne se soutient dans cette Ville, & dans les maisons Religieuses, sans avoir été auparavant examinée par les Docteurs de la Faculté dont traite la These, l'Université y est invitée, elle y assiste, si elle le juge à propos.

Inutilement les Religieux diront-ils que ces Arrests ne regardoient que le College d'Anjou qui étoit affilié à l'Université, & qu'ils n'avoient de raport qu'aux opinions de Descartes. OBJECTION.

On leur repondra toujours par le même principe. Vous ne pouvez restraindre au seul College d'Anjou affilié à l'Université des Arrests rendus pour toutes les maisons Religieuses; vous ne pouvez raporter aux seules opinions de Descartes, des décisions qui ont pour principe le Droit general d'éxaminer les Theses : Droit qui forme l'atribut essentiel d'une Université. RE'PONSES.

La même question fût encore vivement agitée en 1721 au Conseil d'Etat de V. M. entre l'Université de Poitiers & les Minimes de la même Ville, & elle fut decidée par un Arrest contradictoire en faveur de cette Université.

Enfin ces Religieux éluderont-ils la force de toutes ces Loix, en disant que s'il leur arrivoit de mettre au jour une Doctrine qui ne fut pas ortodoxe; l'Université pourroit la censurer. OBJECTION.

Une seule raison de convenance détruiroit cette Objection. Dès que les Religieux conviennent que l'Université a le Droit de censurer leur Doctrine, & sur tout celle de leurs Theses, ils seront contraints d'avoüer qu'elle a aussi celui de les examiner avant qu'elles paroissent dans le Public : qui dans un Etat a l'autorité de punir le mal quand il est fait, a certainement le pouvoir de le prévenir; l'examen est preferable à la censure; l'un previent le mal & le scandale, & l'autre qui est la censure, ne peut être sans scandale. RE'PONSES.

Mais s'il est certain que les Livres, & principalement ceux qui concernent les mœurs, & les autres matieres qui se traitent dans les Universitez, ne peuvent devenir publics sans avoir été auparavant examinez & approuvez par les Maîtres des Facultez, les Theses qui s'impriment, & qui paroissent en public, ne doivent-elles pas être soumises au même examen ? or que cet usage soit un principe constant dans le Royaume, on va le démontrer par des preuves qu'on peut dire être à l'abri de toute contradiction.

1°. L'Université de Paris défendit par un Decret de 1323, aux Libraires de ce temps-là, de loüer aucuns Exemplaires, qui n'étoient alors que Manuscrits, sans avoir été corrigez par l'Université. (*a*)

(*a*) *Nullus Librarius exemplar locet antequam corrigatur & taxetur per Universitatem.*

2°. Elle ordonna à chaque Recteur, qui changeroit tous les trois mois, de faire publier (*b*) dans toutes les Ecoles, que si quelqu'un rencontroit des Exemplaires corrompus, il eut soin de les presenter dans l'Assemblée du Recteur, & des Procureurs des Nations, pour les corriger.

(*b*) *Item, ordinavit Universitas quod quilibet Rector faciet proclamari per Scholas; si quis inveniat exemplaria corrupta illa offerat publicè coram Rectore&Procuratoribus ut exemplaria corrigantur.*

Ces mêmes défenses, ces mêmes dispositions furent rapellées par un autre Acte de l'Université du 6 Octobre 1342. qui porte que s'il arrive que

F

les Libraires recouvrent quelques Exemplaires nouveaux, ils ne les communiqueront point, ni à leurs Confreres, ni aux autres; qu'ils n'ayent été aprouvez par l'Université, corrigez, & taxez: (a) à ces Actes on pourroit en ajouter mille autres.

(a) *Quod si continuat quod habeant aliqua exemplaria nova, ea non communicabunt nec pro ipsis, nec pro aliis donec fuerint aprobata per Universitatem correcta & taxata.*

Le Parlement de Paris rendit un Arrest le 18 Mars 1521. „ qui fait dé-„ fenses d'imprimer sous peine de 500 liv. d'amande, & de banissement, „ aucuns livres concernant la Religion, & l'interpretation de la Sainte „ Ecriture, qu'ils n'ayent été auparavant vûs, & aprouvez par la Faculté „ de Théologie, ou par ses Deputez, ce qui fut renouvellé par un autre „ Arrest du 4. Novembre suivant.

Il intervint un deuxiéme Arrest au même Parlement le 2. May 1535. „ qui fit inhibitions, & défenses à tous Libraires, & Imprimeurs d'imprimer „ & d'exposer en vente aucuns livres composez en la science de Medecine, „ qu'ils n'eussent été premierement vûs & visitez par trois bons & notables „ Docteurs en la Faculté, & aprouvez par icelle, sur peine de la confisca-„ tion de la Marchandise, prison, amande arbitraire, & autres peines.

Autre Arrest en 1542, qui fit défenses sur la même peine, à tous Libraires, & autres Marchands de quelque qualité & condition qu'ils fussent, d'exposer en vente aucuns livres en la Ville de Paris, & autres du Ressort, s'ils n'avoient été visitez par les Deputez de l'Université; il ordonna que les Libraires avant d'ouvrir les balles des livres, qui leur seroient venus de nouveau, seroient tenus d'apeller quatre Libraires Jurez de l'Université, pour assister à cette ouverture: *& selon la science & qualité dont ces livres seront; ces quatre Libraires Jurez*, ce sont les propres termes de l'Arrest, *avertiront le Recteur de l'Université de Paris, & Doyens des trois Facultez d'icelle, pour voir & visiter lesdits Livres, & à cette fin sera tenu le Recteur commettre pour la visitation des livres de Grammaire, Logique, Rethorique, Philosophie, deux Maîtres ès Arts, bons personnages sçavans & non suspects; & quant aux Livres concernant la Théologie & Religion Chrétienne, la Faculté d'icelle commettra aussi deux notables Docteurs exempts de toute suspicion, pour voir & visiter lesdits livres, & la Faculté de Droit Canon en commettra aussi deux autres non suspects, pour la visitation des livres en Droit Canon & Civil, & pareillement la Faculté de Medecine, quand aux livres de Medecine, pour visiter lesdits livres.*

Cet Arrest de Reglement ne semble-t'il point avoir servi de modele aux Decrets de l'Université de Bordeaux, qui renvoye les Theses aux Maîtres de chaque Faculté, selon la science & la qualité dont traitent ces Theses, pour être par eux vûes, examinées, corrigées & aprouvées.

C'est sur cet Arrest que Henry II. donna son Edit le 27 Juin 1551. *qui fait défenses d'imprimer ni vendre aucuns livres, commens, Scholies, annotations, tables, indices, épitomes, & sommaires concernant la Religion, qu'ils n'eussent été vûs & visitez, sçavoir ceux qui seroient imprimez ès Villes de Paris & autres où il n'y a Faculté de Théologie, par les Docteurs & Deputez d'icelle, avec défense à tous les Parlemens, Maîtres des Requêtes, & autres gardans les Sceaux des Chancelleries, Juges Présidiaux, & autres Officiers & Magistrats quels qu'ils soient, de donner dors en avant aucune permission d'imprimer livres, que premierement ceux qui demanderoient ladite permission n'en eussent certification des Facultez de Théologie, que lesdits livres ont été vûs, & approuvez desdites Facultez.*

Les Religieux ne disconviendront pas que les Theses qu'ils font soutenir ne soient au moins des indices, des épitomes, & des Sommaires, des écrits que dictent dans leurs Ecoles leurs prétendus Professeurs;

& par conſequent que leur impreſſion ne ſoit deffendue par cet Edit, ſi ces Theſes ne ſont approuvées par les Maîtres des Facultez.

Ce n'eſt pas en prétendant qu'il faudroit qu'il fût fait mention expreſſe dans cet Edit & dans ces Arreſts des Theſes imprimées, qu'on réſiſteroit à l'argument qui en réſulte.

Les diſpoſitions de ces Loys ne perdroient rien de leur force par ce vain prétexte. Si les Theſes imprimées n'y ont point été formellement compriſes, c'eſt que dans ce tems là les Theſes n'étoient point imprimées; même celles qui ſe ſoutenoient dans les Univerſitez : celles des Moines ne paroiſſoient que dans l'Enclos de leurs Convents, & Monaſteres.

Mais dès que l'uſage d'imprimer les Theſes a été introduit, d'abord dans les Ecoles publiques, & recemment dans les Ecoles des Moines, & des Congregations régulieres, & ſéculieres; ces Theſes, comme les indices, les épitomes & les ſommaires ſont devenuës ſujetes à l'examen des Maîtres des Facultez, & doivent avant d'être imprimées, avoir leur aprobation, à moins que V. M. ne trouvât à propos de les interdire abſolument, en rappellant les Ordonnances des Rois ſes Prédéceſſeurs, & en rétabliſſant l'ancienne & ſage Police, qu'ils avoient établie dans le Royaume.

Ce ſeroit encore en vain qu'on opoſeroit à ces Edits & Arreſts qu'ils n'avoient été rendus alors, que parce que dans ces malheureux tems, les Auteurs, Imprimeurs & Libraires étant ſuſpects d'héreſie, il étoit neceſſaire d'accorder à la Faculté de Théologie, l'examen & la viſite des livres.

1º. Le Parlement de Paris par Arreſt du 16. Janvier 1578. fit iteratives inhibitions, & défenſes *à tous Imprimeurs, Libraires, & autres d'imprimer, ni faire imprimer, ni expoſer en vente aucuns livres ni traitez concernant la Medecine, ſans l'aprobation de la Faculté de Medecine, & où il s'en trouveroit de commencez à imprimer ou imprimez, ou expoſez en vente contre la forme ſuſdite, permet aux Doyens & Docteurs en Medecine, de les faire ſaiſir en quelque lieu qu'ils ſoient trouvez.*

Cet Arreſt accordé en faveur de la Faculté de Medecine, & qui lui renvoye l'examen des Ouvrages publics qui la concernent démontre invinciblement que les héreſies de ce tems là n'étoient point les ſeuls motifs des Arreſts rendus en faveur de celle de Théologie. Le droit d'examiner tous les ouvrages publics en matiere de doctrine & de ſcience, eſt né avec toutes les Facultez des Univerſitez Royales, elles ont toujours été en poſſeſſion de ce droit; c'eſt de lui que l'Univerſité de Paris a eû la Direction de toute l'ancienne Librairie, c'eſt parce qu'elle en avoit la jouiſſance, qu'elle a établi l'Imprimerie dans Paris, & dans toutes les Villes du Royaume; c'eſt en vertu de ce même droit que nul n'eſt reçû à l'aprentiſſage de cette Profeſſion, s'il n'a été examiné, & trouvé capable par le Recteur, ny même à la Maîtriſe, s'il ne lui prête ſerment dans l'Aſſemblée de l'Univerſité.

2o. Les motifs ſur lequel on croiroit que ces Arreſts ont été rendus, ſubſtent toujours : les tems les plus heureux ne pourroient les faire ceſſer. Quand bien même la pureté des mœurs, & de la Doctrine ſeroit dans ſon plus haut point de perfection, quand les maximes de l'Etat & de nos ſaintes libertez ne ſeroient affoiblies dans aucune Ecole, il faudroit toujours veiller à leur conſervation; auſſi a-t'on vû que les Edits qui concernent ces matieres, ont été rapellez par Louis le Juste, Louis le Grand, & par V. M. (*a*) & les motifs qui les ont fait renouveller, sont pris de ce qu'on negligeoit de les executer.

(*a*) *Vide l'Edit de* 1624. *les Lettres Patentes de* 1661. *& celles du mois de Février* 1722. *enregistrées au Parlement le* 15. *Avril suivant.*

On voit encore aujourd'huy que les Chanceliers, & Gardes des Sceaux qui veulent bien sur les émolumens du Sceau stipendier les differens Censeurs des Livres, nomment des Maîtres de toutes les Facultez pour les differens ouvrages que l'on donne au Public sous leur Aprobation.

Les ouvrages mêmes qui sont du Ressort du Lieutenant General de Police, sont aprouvez par un Maître des Facultez; par exemple à Paris par le Sr. Passart Maître ès Arts, avant qu'on puisse obtenir la permission de les imprimer; les Requests & autres ouvrages qui se raportent aux differens Conseils de V. M. ne peuvent être imprimez s'ils ne sont signez par des Avocats au Conseil; les Factums, Memoires & Plaidoyers du Parlement & autres Cours ne peuvent également être imprimez, s'ils ne sont souscrits par des Avocats qui ont prêté le serment, & qui sont sur le Tableau.

De quel droit donc les Moines feront-ils imprimer leurs Theses, si elles ne sont aprouvées par des Maîtres des Universitez, que nos Rois ont établi à cet effet? leurs prétendus Professeurs sans aucun grade, Maîtres dans l'Enclos de leurs Monasteres, sans avoir prêté aucun serment à l'Etat, & par la seule nomination de leur Superieur souvent Etranger, n'ont certainement aucun titre pour pouvoir produire au dehors & en public des Cours de Philosophie, & de Théologie, ni pour faire des Lectures en Assemblée publique, & multitude d'Auditeurs.

OBJECTION.

Icy se presente le grand argument des Religieux. l'Université de Bordeaux n'est point, disent-ils, dans cet usage, elle est la seule qui veuille s'arroger le droit d'examiner les Theses, d'y demander des Places comme Arbitre de la dispute, & d'assigner les jours & heures pour les soutenir; la Sorbonne, les Universitez de Caën, de Bourges, de Reims, & de Toulouse attestent qu'elles ne se sont jamais mêlées des Theses qui se sont soutenues chez les Religieux.

Les solutions, & réponses au moyen desquelles on va résoudre cet argument, sont du nombre de celles qui ne laissent jamais rien à desirer après elles.

RÉPONSES.

C'est un principe connû que les Droits d'inspection, & de superiorité qui interessent le bon ordre, & qui sont d'ailleurs de pure faculté, ne sont point sujets à la Loi de la prescription. Cette maxime a esté oposée aux Religieux, ils n'ont pas ôsé la contester; ainsi dès que ce Droit est imprescriptible par lui-même, il ne s'agit plus que d'examiner s'il apartient à l'Université, & s'il peut être détruit par le non usage imputé aux Suplians & autres Universitez du Royaume.

Or que ce Droit apartienne à l'Université & soit sa partie la plus essentielle, on l'a déja prouvé; qu'il ne puisse également être renversé par ce prétendu non usage, plusieurs reflexions le démontrent.

1º. Une Compagnie après avoir negligé un Droit qui lui étoit habituel, qui lui estoit inherent, le reclame, elle veut en joüir; sera-t'elle pour cela taxée de nouveauté? Dumoulin sur la Coutume de Paris décide le contraire; voici la raison qu'il en rend après Bartole: *Quando id quòd erat in potentia reducitur ad actum non dicitur quid novum*, ce n'est point introduire des nouveautez que de ramener les choses à leur veritable principe,

ceux

ceux qui sur ce fondement voudroient joüir d'un droit qui auroit esté negligé par leurs Predecesseurs, souvent par indolence, ou par des circonstances particulieres, loin d'être regardez comme des Novateurs, meriteroient au contraire des éloges, de n'avoir point suivi des exemples qu'il eut sans doute esté avantageux au bien public, de n'avoir jamais vû.

2º. Si l'Université de Bordeaux a esté jusques à present sans joüir de ce droit, ce n'est pas qu'elle ne l'aye souvent reclamé : mais remplie, & inondée, pour ainsi dire, des Religieux qui composent la Faculté de Théologie au nombre de sept, elle est toûjours évincée, quand il s'agit de rendre quelque Décret qui tende à gêner en quelque façon les sentimens & la liberté des Moines. Pour être pleinement convaincu de ce fait, il suffira de rapeller ce qui se passa au mois de Juillet de l'année 1711. dans l'Université de Bordeaux ; elle ordonna que des Décrets des Universitez d'Angers & de Poitiers, trois Arrests du Conseil d'Etat, & une Lettre de celle de Poitiers qui avoient esté adressez au Recteur, seroient transcrits sur les Registres, pour y avoir recours dans l'occasion.

Cette décision déplût aux Moines, ils résolurent d'en empêcher l'effet, ils se liguerent entr'eux. Tous les ordres qui avoient chez eux des Professeurs dans l'Université, les engagerent à se rendre dans le lieu où l'Université s'assemble, ils s'y trouverent en effet, ils voulurent absolument détruire ce Décret, & ils y réüssirent : Voici ce qu'ils mirent à côté de l'endroit du Registre sur lequel il estoit couché. *Hæc omnia quæ hoc negotium spectant fuerunt hic inserta autoritate privata, quare ex deliberatione Academiæ Universæ jussum est hæc omnia abradi & pro nullis haberi; hoc presens Decretum antecessores omnes renuente Domino pro Rectore & Nolente subscribere licet pars major Academiæ id censuerit, subscripserunt Doctores Regentes majorem partem efficientes.*

Il n'estoit pas étonnant que ce Décret fut signé par la majeure, puisque les Religieux choisirent le moment qu'ils estoient seuls dans l'Assemblée de l'Université avec le pro-Recteur ; aussi voit-on que ce Décret n'est signé que des seuls Professeurs Religieux, & que le Protecteur refusa de le signer ; c'est ce qui estoit arrivé toutes les fois que l'Université avoit voulû reclamer le droit dont il s'agit : mais si elle a enfin trouvé le moment favorable de revendiquer, sans aucun obstacle, un droit qui lui apartient, lui fera-t'on un crime de ce que quelqu'autres Universitez obsedées par le grand nombre des Professeurs Religieux, comme l'avoit esté celle de Bordeaux, n'auront encore pû se faire entendre ?

3º. Dès qu'on a démontré que le non usage de l'Université de Bordeaux ne pouvoit lui estre oposé, combien à plus forte raison celui des autres Universitez ne pourra-t'il lui préjudicier ? si la régle, *alteri per alterum iniqua conditio inferri non potest*, a lieu entre particuliers quoique Consorts, elle sera bien plus certaine de compagnie à compagnie, sur tout quand c'est le bien publique qui s'y trouve engagé.

4º. Pour que le prétendu exemple des autres Universitez peut être tiré à consequence contre celle de Bordeaux, il faudroit commencer par établir que lorsqu'il y a eû des Universitez qui ont reclamé ce droit, elles en ont esté privées, *propter non usum*; un argument pris *ex non usu,* ne pouvant jamais estre écouté en fait de droit apartenant à des Compagnies ; mais les Religieux ne raporteront aucun exemple semblable, & les Suplians prouveront que ç'a n'a jamais efté en vain que des Univerfitez ont reclamé ce droit.

5°. Il fuffiroit qu'une feule Univerfité du Royaume eut confervé ce droit, pour que fa poffeffion fut commune à toutes les autres Univerfitez, parce qu'elle ne l'auroit que par un attribut general, & commun à toutes les autres Univerfitez.

6°. Dès que la demande de l'Univerfité eft fondée en titres, dès qu'il y va du bien & de l'avantage du public de maintenir fon Décret, dès que par cette voye elle conferve fa celebrité, dès qu'elle maintient par là le titre, le motif, & la fin de fon établiffement, elle fe trouveroit la feule Univerfité du Royaume à reclamer ce droit, fans qu'on pût lui en faire un crime.

7°. Enfin la pretenduë atteftation de la Sorbonne ne feroit au fonds d'aucun fecours aux Religieux. La Sorbonne eft un College refpectable; mais tout refpectable qu'il eft, ce n'eft qu'un College particulier, qui par lui-même ne peut fe mêler des Thefes qui fe foûtiennent chez les Religieux; c'eft à la Faculté de Theologie de l'Univerfité de Paris, dont la Sorbonne n'eft qu'un membre, à prendre dans ces Affemblées en confideration les entreprifes des Ordres Religieux, & à s'expliquer fur les abus qu'ils ont introduit depuis peu dans leurs Ecoles & Etudes, & dans lefquels ils veulent fe maintenir.

Il y a plus, c'eft que cette Faculté elle-même toute entiere ne peut former une conclûfion décifive contre les Univerfitez, fans le concours des autres Facultez, avec lefquelles feulement elle peut former une conclufion generale de l Univerfité.

Or les Ordres Religieux n'ont aucune atteftation ni de l'Univerfité de Paris en Corps, ni de la Faculté de Theologie, ni même de la Sorbonne fur la queftion dont il s'agit; celle qu'ils ont furpris ne vient que du fieur de Romigny actuellement Syndic de cette Faculté, qui fans entrer dans la queftion de droit, déclare feulement l'ufage qu'il a vû fuivre de fon tems par fes Predeceffeurs; mais fi on avoit demandé & fi on demandoit à l'Univerfité de Paris, à la Faculté de Theologie, & à fon Syndic leurs fentimens fur tous les cas qui font le fujet de la conteftation, leur reponfe ne feroit certainement pas favorable aux Religieux; il feroit heureux pour les Suplians que V. M. voulut ordonner que cette Univerfité & cette Faculté feroient interrogées fur toutes les propofitions qu'on a déja expliquées, & qu'on va encore refumer ici.

La premiere; les Ecoles des Religieux, font-elles des Ecoles publiques?

La deuxiéme; que doit-on, & que peut-on enfeigner dans ces Ecoles?

La troifiéme; quelles Ecoles doivent-ils frequenter pour faire leurs cours?

La quatriéme; font-ils dans le droit de foûtenir des Actes publics, à portes ouvertes, & des Thefes Imprimées jufques dans les lieux où il y a des Univerfitez?

La cinquiéme; au cas qu'ils foûtiennent ces Actes publics avec multitude d'Auditeurs, & des Thefes Imprimées, ne doivent-ils pas auparavant faire examiner ces Thefes publiques par les Docteurs Regens de la Faculté dont les Thefes traitent?

La septiéme enfin; ne doivent-ils point assigner des places à l'Université pour estre l'arbitre de la dispute, ne doivent-ils point prendre d'elle le jour & l'heure pour soûtenir ces Theses publiques?

Tout ce que les Suplians souhaiteroient, SIRE, seroit que V. M. voulût bien leur permettre de s'en raporter aux reponses qui seroient faites sur toutes ces propositions par l'Université de Paris: Instruite des Ordonnances & des Loix du Royaume elle décideroit. 1°. Que les Ecoles des Religieux ne sont que des Ecoles particulieres, (*a*) 2°. Qu'on ne doit, & qu'on ne peut y enseigner que les bonnes & saintes Lettres, & ce qui peut former les jeunes freres en mœurs & discipline monastique, (*b*) 3°. (*c*) Que les titres de cours de Philosophie & de Theologie ne conviennent point aux Etudes Monastiques; mais seulement aux Etudes des Universitez, (*d*) 4°. Qu'afin que les Religieux ayent des Sujets instruits dans les autres matieres, & sur tout dans celles qui concernent les maximes de l'Etat, & les Libertez de l'Eglise Gallicanne, ils doivent entretenir aux Ecoles & Universitez, tel nombre de Religieux que le revenu de l'Abbaye, Prieuré, ou Convent pourra raporter, (*e*) 5°. Que les Ordres Religieux ne peuvent faire des exercices qu'en particulier, sans y apeller les Etrangers, & sans multitude d'Auditeurs, qu'à plus forte raison ils ne peuvent faire Imprimer les Theses ni les distribuer, ni les répandre dans le public, (*f*) 6°. Qu'au cas qu'il plût à V. M. leur permettre cette publicité, qu'il est de regle & de la Police de vôtre Royaume que ces Theses soient examinées & aprouvées par les Docteurs Regens de la Faculté dont elles traitent, que ces Docteurs Regens & Maîtres doivent avoir des places, & qu'ils doivent indiquer les jours & heures ausquelles ces Actes se soûtiendront, par empêcher le concours de ces Actes avec ceux des Universitez, & ne pas préjudicier à la celebrité de leurs derniers Actes. (*g*)

(*a*) Ils en conviennent eux-mêmes.
(*b*) C'est l'Art. XXV. de l'Ordonnan. de Blois.
(*c*) C'est le même Art.
(*d*) C'est une suite de cet Art.
(*e*) C'est le reglement porté par la Bulle de Paul III. les Patentes d'Henry II. de 1547. & l'Arrest d'enregistrement de 1549. & la même Ordonnance de Blois pour tout le Royaume.
(*f*) C'est l'ancien usage fondé sur la Loy, le surplus est abusif.
(*g*) C'est l'Ordonnan. de 1692. & le Privilege des Universitez fondé sur les Bulles & les Patentes de leur établissement.

Ces réponses que ne manqueroit pas de faire l'Université de Paris, se trouvent écrites dans toutes les Loix, dans toutes les Ordonnances, & dans tous les Arrests que les Suplians ont déja cité, elle pourroit y en ajouter d'autres & porter des motifs encore plus puissans, parce qu'estant à la source, elle doit estre mieux instruite de ces matieres.

Que deviendront dans ces circonstances les attestations qu'on a supris du Syndic de la Sorbonne, & de certains Officiers de quelqu'autres Universitez? que deviendra ce prétendu non usage & deffaut de possession? pourra-t'-on balancer un moment à croire que le droit reclamé par les Suplians ne soit un droit autorisé par les Loix, & par les Ordonnances les plus respectables qui sont aujourd'hui dans toute leur vigueur, & qui forment dans le Royaume une Jurisprudence certaine.

Mais il y a encore quelque chose de plus fort, c'est que c'est en execution de toutes ces Loix & Ordonnances, que V. M. décida le 31 Janvier 1721. en faveur de l'Université de Poitiers, précisément la même question, que celle dont on attend aujourd'hui la décision: comme ce point de la cause est absolument décisif, on a crû devoir en faire une proposition particuliere, c'est celle qu'on va examiner.

TROISIE'ME PROPOSITION.

L'Arreſt du Conſeil d'enhaut rendu le 31. Janvier 1721. en faveur de l'Univerſité de Poitiers, doit être declaré commun avec l'Univerſité de Bordeaux.

Pour parvenir à cette démonſtration, il faut établir. 1°. Que la conteſtation qui fut jugée entre l'Univerſité de Poitiers, & les Peres Minimes de la même Ville, étoit abſolument la même dans toutes ces circonſtances, que celle qui eſt aujourd'hui pendante entre l'Univerſité de Bordeaux & les Ordres Religieux qui y ſont eſtablis. 2°. Que l'Arreſt qui intervint fut rendu en Theſe & ſur un droit general à toutes les Univerſitez. Or rien de plus aiſé que la preuve de ces deux points.

Le premier trouvera ſa déciſion dans la ſeule comparaiſon qu'on fera des demandes que faiſoit l'Univerſité de Poitiers, avec celles que forment aujourd'hui les Suplians.

Commençons par raporter la teneur des Concluſions que l'Univerſité de Poitiers avoit priſes. Elles tendoient à ce que les Ordonnances, Arreſts, & Reglemens concernant les Univerſitez, & notamment l'art. 70 de l'Ordonnance de Blois ſeroient executez ſelon leur forme & teneur, qu'elle fût en conſequence maintenuë & gardée dans le droit & la poſſeſſion; d'avoir la Preſidence, la direction, & la moderation à toutes les Theſes & diſputes publiques; ce faiſant, qu'il fut fait deffenſes aux Minimes de ſoutenir aucunes Theſes qu'elles neuſſent eſté examinées & aprouvées par le Syndic de la Faculté dont elles dépendroient, ſans avoir pris le jour & l'heure du Recteur pour la faire ſoutenir, & ſans y inviter l'Univerſité qui auroit la Preſidence, la direction, & la moderation.

L'Arreſt contradictoire qui intervint ſur ces Concluſions & demandes leur eſt entierement conforme, il ajoûte ſeulement une clauſe par laquelle il diſpenſe les Minimes d'aller aux Profeſſeurs de l'Univerſité, lors que dans l'interieur de leur maiſon, ils feront des exercices pour l'inſtruction de leurs jeunes Religieux.

Quelles ſont maintenant les demandes des Suplians? ſont-elles différentes de celles de l'Univerſité de Poitiers qu'on vient de raporter? non, abſolument les mêmes, elles ſe réduiſent à faire ordonner que l'Arreſt rendu en faveur de l'Univerſité de Poitiers, ſoit declaré commun avec celle de Bordeaux.

Les Décrets dont elle demandoit l'homologation au Parlement de Bordeaux, contenoit également les mêmes diſpoſitions que celles de l'Arreſt rendu en faveur de l'Univerſité de Poitiers, ils eſtoient copiez mot pour mot ſur cet Arreſt, il fût produit au Parlement de Bordeaux; on y prouva que l'Univerſité de Poitiers ne pouvoit avoir une Juriſdiction & des Privileges plus étendus que l'Univerſité de Bordeaux, que l'établiſſement, les fonctions de ces deux Univerſitez eſtoient abſolument les mêmes, que le baſe de leur inſtitution, leurs principales fonctions, & leur droit inconteſtable eſtoient d'examiner les Theſes, & de veiller à la Doctrine qu'on enſeigne publiquement, & qu'il n'y avoit point de raiſon pour que l'une de ces deux Univerſitez, joüit plutôt de ce droit, que l'autre.

Il ſeroit difficile de trouver une uniformité, une identité plus claire entre

tre deux contestations, elles ne different pas même par l'époque des tems où elles ont parû ; puisque celle qui est à juger fût portée au Parlement de Bordeaux, d'abord après que la décision de celle qui concernoit l'Université de Poitiers fut prononcée par V. M.

Le deuxiéme point, qui est que le motif de cet Arrest est general & commun à toutes les Universitez, se démontre tout aussi clairement.

On ne peut douter que cet Arrest ne soit un Reglement pour toutes les Universitez du Royaume, il fait loi pour toutes ; sa seule lecture le prouve, il porte que les Ordonnances, Arrests, & Reglemens, ce concernant seront executez selon leur forme & teneur ; aussi tous les Moines de Poitiers l'éxcutent-ils ?

Il n'y a pas même de différence entre les deffenses qui étoient fournies alors par l'Université de Poitiers & les Minimes, & celles qui paroissent aujourd'hui tant de la part des Suplians, que de celle des Religieux ; il s'y agissoit tout comme aujourd'hui principalement de l'explication de l'art. 70. de l'Ordonnance de Blois, & des Edits, Déclarations, & Arrests du Conseil qu'on a expliqué. Les Minimes tâchoient d'éviter leur execution par les mêmes exceptions, que les Religieux apellent aujourd'hui à leur secours, pour s'empêcher de les exécuter.

OBJECTION. L'argument qui résulte de cet Arrest rendu en faveur de l'Université de Poitiers, ne sera pas détruit par la fausse supofition que l'Université de Poitiers estoit dans la possession d'examiner les Theses des Minimes.

RE'PONSES. Cet Arrest est décisif contre tous les Ordres Religieux établis dans des Villes où il y a des Universitez, il a esté rendu en vertu de l'art. 70. de l'Ordonnance de Blois, & de differens Edits, Déclarations, & Arrests du Conseil, qui ont parlé à ce sujet. Les dispositions de tous ces Titres forment autant de Loix generales qui envelopent & qui lient les Ordres Religieux dans la Ville de Bordeaux, comme les Minimes de la Ville de Poitiers.

D'ailleurs on a prouvé que le droit reclamé par les Suplians est un droit imprescriptible, auquel on ne peut opofer un deffaut de possession.

Mais dans le fait il est certain que cette pretenduë possession des Minimes ne pouvoit avoir servi de fondement à cet Arrest ; son seul vû prouve le contraire. Il paroît que ce n'est qu'en 1706. que cette Université quoi que érigée dès l'an 1431. avoit commencé à user de son droit ; encore cette possession n'étoit-elle prouvée que par un, ou deux Actes.

Suite de la precedente objection. Il en est de même de la prétenduë affiliation des Minimes à l'Université de Poitiers.

RE'PONSES. Cette affiliation est une veritable chimere ; la concession de quelques bâtimens, qu'on dit avoir esté faite par l'Université de Poitiers en faveur des Minimes, n'est point une marque de leur affiliation à l'Université ; ç'a n'auroit point esté un motif qui eut pû assujetir leurs Theses à l'examen de cette Université ; & s'il estoit vrai que les concessions gratuites que les Universitez peuvent faire aux Religieux, les soumettent plus specialement aux Loix des Universitez, que les autres ; la prétention de l'Université de Bordeaux n'en deviendroit que plus certaine, puisque le plus grand nombre des Ordres qui s'opofent à l'exécution de ses Décrets, lui sont affiliez par la concession qu'elle leur a fait de toute la Faculté de Theologie qui la compose.

Ainſi donc la Loi prononcée par V. M. en faveur de l'Univerſité de Poitiers eſt commune à toutes les Univerſitez du Royaume, ainſi la queſtion qui a eſté jugée alors eſt la même dans toutes ſes circonſtances, que celle dont il s'agit aujourd'hui, ainſi l'Arreſt rendu pour l'Univerſité de Poitiers, doit être declaré commun avec les Supliants.

Un droit qu'on a établi ſur les Loix & Ordonnances, ſur la Juriſprudence inconteſtable du Royaume, & ſur un Arreſt rendu par V. M. abſolument dans les mêmes circonſtances, & pour ainſi dire entre les mêmes parties ſemble aſſez aſſuré, & n'avoir beſoin d'aucune autre preuve; on va cependant encore montrer qu'il ne peut porter d'ateinte au jugement des Evêques ſur la Foi.

QUATRIE'ME PROPOSITION.

L'Examen des Theſes ſoumis aux Univerſitez n'a jamais pû bleſſer le jugement des Evêques ſur la Foi.

„ C'eſt bien inutilement que les Religieux opoſent que l'Edit de 1683.
„ ſoumet les Theſes & les Ecrits des Profeſſeurs des Univerſitez à l'Exa-
„ men des Archevêques & Evêques; que l'Edit du mois d'Avril 1695.
„ declare que le jugement de la Doctrine leur apartiendra, que le Con-
„ cile de Trente ne ſoumet la Doctrine & les Ecrits imprimez des Reli-
„ gieux qu'à l'Examen de l'Ordinaire & de leurs Superieurs; que l'Ecri-
„ ture, la Tradition, & les Conciles, & les Edits de nos Roys ne recon-
„ noiſſent des Juges de la Doctrine que les Archevêques & Evêques;
„ que la Doctrine des Religieux, des Univerſitez mêmes & de leurs
„ Supôts, eſt ſoumiſe à l'Examen des Prélats, qu'il n'y avoit point dans
„ ces beaux ſiécles de l'Egliſe d'autres Ecoles publiques de la Religion,
„ que les Egliſes mêmes, d'autres Maîtres des ſaintes Lettres, que les
„ Evêques.

A quoi bon ce pompeux étalage d'érudition, & cette multiplication de phraſes qui ne peuvent ſervir à décider la queſtion. L'Univerſité de Bordeaux ne prétend avoir d'autre jugement qu'un jugement Doctrinal, un jugement d'avis & de Conſeil: cet avis Doctrinal n'a rien de commun avec le jugement ſur la Foi, & ſur la Doctrine qui eſt reſervé aux Evêques; ces ſeuls Prélats ont le pouvoir de condamner une hereſie & un Heretique *in formâ & figurâ judicii.*

Le droit d'examiner les Theſes qui eſt particulier aux Univerſitez, eſt entierement ſeparé de celui de juger de la Foi & de la Doctrine qui apartient aux Evêques. La difference de ces droits eſt ſi conſtante que tous les Livres qui s'impriment aujourd'hui ſont aſſujettis à la réviſion de certains Examinateurs prépoſez, qui quoi qu'ils ne ſoient point dans l'Epiſcopat, déclarent neanmoins, ou qu'ils n'ont rien trouvé de contraire à la Foi dans l'ouvrage qui leur eſt preſenté, ou ils font rejetter ce qu'ils y peuvent trouver d'irregulier & de contraire à la Doctrine Chrétienne; il fut rendu un Arreſt contradictoire au Conſeil le 18 May 1632. entre l'Archevêque de Toulouſe & l'Univerſité de la même Ville, qui établit quelle eſt cette difference; il porte entre autres diſpoſitions que le Recteur aura la direction & moderation des Theſes en la forme accoutumée.

On produit pluſieurs autres Arreſts du Parlement de Toulouſe qui maintiennent l'Université de Cahors, dans le droit d'examiner les Theses.

Quant à la citation que les Religieux font du Concile de Trente, elle ne peut être écoutée. Personne n'ignore en France qu'il n'y a jamais esté reçû pour ce qui concerne la discipline ; les Etats de Blois furent tenus posterieurement au Concile, on se conforma dans quelques-uns des articles de l'Edit qui porte leur nom à ce qui avoit déja esté decidé par le Concile de Trente ; mais on n'y suivit point ses dispositions au sujet de la matiere dont il s'agit, elle fut dirigée & prescrite par un article particulier de cet Edit qui est le 70. qui differe totalement du Concile de Trente dans ce point, la Loi qu'il forme dans le Royaume est la seule qu'on y doive suivre.

Les Suplians, SIRE, reconnoissent toute l'étenduë du droit qui est reservé aux Evêques, ils sçauront l'apuyer sur des fondemens plus solides que ceux sur lesquels les Moines veulent le fonder, ils disent (& ce discours est reprehensible) que le droit que les Evêques ont de juger de la Doctrine vient de ce qu'il n'y avoit point dans ces beaux siécles de l'Eglise d'autres Ecoles publiques de la Religion que les Eglises mêmes, d'autres Maîtres des saintes Lettres que les Evêques, lors qu'ils auroient dû dire que leur droit vient de leur caractere, & qu'il est d'Institution Divine comme Vicaires de J. C. enfin ce qu'ajoutent les Religieux qu'il n'y a point dans le monde Chrétien de Jurisdiction plus ancienne ni plus respectable, ni mieux établie que celle des Evêques en matiere de Doctrine, est trop foible quand il s'agit d'une Jurisdiction que Dieu lui-même a conferée aux Evêques.

Le Décret de l'Université de Bordeaux n'est donc point un Décret injurieux à l'Episcopat, le Parlement pouvoit l'adopter sans renverser l'Ordre Hierarchique, sans blesser l'autorité de l'Ecriture, des Peres, des Conciles & sans contrevenir aux Edits des mois de Mars 1682. & Avril 1695.

L'Université de Bordeaux aura pleinement rempli l'objet qu'elle s'est proposée en commençant sa Requeste si elle establit la necessité de ses Décrets, & l'utilité qu'on doit en attendre ; c'est le sujet de sa derniere proposition.

CINQUIE'ME ET DERNIERE PROPOSITION.

Il y a un grand bien à esperer de l'execution des deux Décrets dont il s'agit ; il y auroit un grand inconvenient à ne pas les executer.

Cette preuve dépendra principalement de la refutation qu'on va faire de l'inutilité, des inconveniens que les Religieux veulent faire trouver dans ces Décrets, & des suites facheuses qu'ils soûtiennent devoir naître de leur execution.

Les Religieux en presentant à V. M. le détail de ces prétenduës inconveniens, n'ont pû abandonner l'esprit de vanité, & de la satire.

Vôtre Université de Bordeaux l'a declaré, SIRE, dès le commencement de sa Requeste ; on ne la verra point s'écarter de la moderation qu'elle s'est prescrite : penetrée elle-même de la sagesse qu'elle enseigne aux autres, elle n'entrera point dans la passion qui guide tous les discours, & toutes les démarches de ses adversaires.

Mais s'ils adreſſent des ſatires aux Univerſitez, on a du moins la conſolation de les trouver ſur le champ démenties par tous les ſçavans qui ont eû occaſion de parler de ces Corps celebres. Que répondront-ils, par exemple, à l'Autheur de l'Hiſtoire Eccleſiaſtique, quand ils l'entendront dire que le Corps des Univerſitez aſſemblé a eſté ſuſcité de Dieu même, pour ſauver dans les derniers tems la tradition de la Doctrine & de la Diſcipline, qu'on leur doit l'extinction du grand ſchiſme d'Avignon, & que leurs cenſures furent d'un grand poids pour arrêter le torrent des dernieres hereſies. (a)

(a) M. l'Abbé Fleury, p. 370. des mœurs des Chrétiens.

N'y auroit-il point du danger à ſe repoſer ſur les promeſſes & aſſurances que font les Religieux de ne point introduire des nouveautez contraires aux maximes de l'Etat ? l'objet de montrer de l'inutilité dans les Décrets des Supliants, n'a-t'-il point plus de part à ce langage que la ſincerité du cœur ? depuis quand donc auroient-ils ceſſé de méconnoître, & même de combattre les maximes du Royaume, les Droits ſacrez de la Couronne, & les Libertez de l'Egliſe Gallicanne ? déſavoüeroient-ils leur Inſtitut & les Vœux qui les engagent à porter une obéiſſance aveugle à un General Etranger, abſolument opoſé à nos ſaintes libertez ?

Mais ſans entrer dans cet examen, une ſeule obſervation leur ſera faite. Plus vous voulez perſuader, leur dira-t'-on ? qu'il n'y a à craindre de vôtre part aucunes nouveautez, & rien qui ſoit contraire à la pureté de la Religion ; plus vous devez montrer de l'empreſſement à vous ſoûmettre aux Décrets de l'Univerſité ; vous ne lui preſenterez qu'une ſaine Doctrine conforme aux maximes de l'Etat, & elle vous aplaudira ; vous n'aurez point tombé dans cette nouveauté de termes, qui en donnant un faux ſens aux ſentimens les plus ortodoxes, renferme des écueils ſi dangereux, & elles vous comblera d'éloges ; alors vous ne verrez plus d'inutilité dans l'execution de ces Décrets, vous les trouverez au moins neceſſaires pour vous raffermir dans vos doutes, & pour vous encourager à toujours marcher dans les voyes, qui ſeules peuvent conduire au bien de l'Etat ; ils n'auront plus pour vous ces Décrets que des ſujets de loüange, & de gloire.

Qu'il ſeroit à ſouhaiter que ces ſentimens ſincerement écrits dans les cœurs des Moines, ne ſe trouvaſſent point démentis dans la Requeſte qu'ils ont preſentée à V. M : voici le langage qu'ils y tiennent.

OBJECTION.

Ils ont produit ſi on veut les en croire, des milliers d'hommes choiſis de la main de Dieu même, que leurs Monaſteres ont fourni à la Religion & aux ſciences.

Après avoir répandu ſur eux-mêmes cet encens & ces vaines loüanges, ils attaquent de la maniere la plus vive generalement toutes les Univerſitez ; ſi nos maiſons ont eû des Apoſtats, diſent-ils, au moins n'a-t'-on pas vû nos Ordres entiers errer en matiere de foy, lors qu'au contraire des Univerſitez celebres ont tombé en Corps dans l'hereſie.

RÉPONSES.

Mais à quoi bon ces éloges pour les Moines, & cette ſatire contre les Univerſitez ? quel eſt donc l'objet qui a dû leur faire trouver place ici ; car enfin outre que les queſtions qui naîtroient à ce ſujet ſont très-indifferentes à la cauſe ſoûmiſe à la déciſion de V. M. c'eſt qu'on ne trouvera certainement rien, ſoit dans la maniere dont ſont conçûs les Décrets des Supliants, ſoit dans ce qu'ils ont dit au Procez, qui ait pû donner lieu à l'étalage de ces loüanges, & encore moins à la critique faite contre les Univerſitez.

Critique

Critique dans le fonds aussi injuste, & méprisable, qu'elle est mal placée on n'impute point à des Corps celebres des chûtes aussi tristes, & scandaleuses sans en aporter des preuves & des exemples ; c'eut été au plus une question à proposer, & encore avant que de la résoudre, l'affiliation des Religieux à plusieurs Universitez du Royaume, devoit-elle les faire reflêchir & balancer sur le parti qu'ils auroient eû à prendre à ce sujet.

La maniere même dont ils ont donné à entendre ce trait d'histoire est une veritable calomnie.

S'il arrivoit par exemple que quelques Religieux d'un Monastere ayant abandonné leur premiere Religion pour embrasser l'Heresie, on en chassat ceux qui ne voudroient pas faire comme eux, & qu'on ne substituat à leur place que des Sujets qui seroient aussi Heretiques, avec deffenses d'y recevoir ceux qui penseroient autrement, s'ensuivroit-il que tout ce Monastere seroit tombé dans l'Heresie ? c'est ce qu'on ne pensera jamais.

C'est cependant tout ce qui est arrivé aux Universitez, qui de Catholiques qu'elles étoient sont à present entre les mains des Heretiques & des Schismatiques, c'est le sort qu'ont éprouvé les Universitez d'Oxfort, de Cambridge & de Wittemberg ; un petit nombre de Maîtres de ces Universitez pensa comme Luther, comme Calvin, il fut apuyé par des interests politiques ; on chassa peu à peu ceux qui demeuroient attachés à l'ancienne Doctrine, & ces Illustres témoins de la verité & de la foy de leurs peres & de leurs Predecesseurs, fugitifs en France, dans les Pays bas, en Espagne, & à Rome, y vinrent déposer les derniers sentimens de leurs compagnies, les Heritiques s'emparerent de leurs Titres, de leurs Ornemens, de leurs Chaires, & de leurs Pensions, sont-ce là des cas qui soient deshonnorans aux Universitez ? Y a-t'il dequoi apostropher & faire le Procès à des Corps aussi celebres ? Sont-ce des moyens qui prouveront que les Décrets des Suplians sont inutiles ?

Sera-ce encore une autre inutilité dans ces Décrets de dire qu'ils ne sont pas motivez ? OBJECTION.

Deux raisons détruisent absolument cet argument.

1°. La Loy du Prince que ces Décrets rapellent n'est-elle pas par elle-même un motif assez puissant, & peut-elle avoir besoin qu'on la motive ? RÉPONSES.

2°. Si l'Université n'a pas expliqué les circonstances particulieres qui ont déterminé son Decret, c'est qu'elle a crû pouvoir user d'un droit qui lui étoit acquis, sans laisser dans ses Registres des Notes qui fussent deshonorantes aux Religieux ; elle a voulu arrêter le mal sans insulter ceux d'où il venoit, c'est vouloir luy faire un crime de sa prudence & moderation, que de lui adresser un semblable reproche.

Les menaces que font ces Religieux que l'Université ne les empêchera pas au moins de faire ce qu'ils voudront dans l'interieur de leur Cloître, dans leurs Ecrits, dans leurs Sermons, & dans les Villes où il n'y a point d'Université, & la prétendue erreur du Docteur Examinateur, fourniront-ils de nouvelles preuves de l'inutilité de ces Decrets ; non certainement. OBJECTION.

Ces vaines déclamations n'inspireront ni terreur, ni crainte, elles retomberont sur les Moines mêmes. RÉPONSES

I

A la vûe même de ces maux qui font si souvent arrivez, & qui peut-être subsistent aujourd'huy, & qu'on ose annoncer jusques devant V. M. elle apercevra sans doute les motifs importans qui déterminerent les Etats de Blois à ne permettre dans les Monasteres & Convents qu'un Précepteur bon & notable Personage, bien stipendié & bien entretenu, pour instruire les jeunes Freres ès bonnes & saintes Lettres, les former en mœurs & discipline Monastique, & à ordonner que pour aprendre les autres sciences & maximes de l'Etat, les Abbez, Convents, & Prieurs Conventuels seroient tenus d'envoyer dans les Universitez un certain nombre de Religieux.

Mais suivons chacun de ces inconveniens & maux à craindre.

OBJECTION. On ne sçauroit vous empêcher, dites-vous, de soutenir la Doctrine que vous jugerez à propos dans les Villes de la Province, où il n'y a point d'Université.

REPONSES. Votre Université de Bordeaux l'avoue, SIRE, l'imprudence des Religieux est telle qu'elle peut faire naître des inconveniens dans les differentes Villes où elle n'a point de Direction : mais mortifiée de n'avoir pas assez d'autorité pour chercher ces maux dans tous les lieux où ils peuvent se multiplier, elle n'en doit pas moins remplir ses devoirs ; au contraire elle en doit ranimer son zele pour ce qui se passe sous ses yeux, parce que c'est dans les grandes Villes que se trouve le grand & le principal objet. La doctrine des Maisons Religieuses qui sont dans les grandes Villes, décide toujours pour celles des Monasteres qui en dépendent.

OBJECTION. Nous pourrons, continuez-vous, glisser des erreurs dans les Theses qui se soutiendront dans l'interieur du Cloître.

REPONSES. L'Université l'avoue encore, elle sçait qu'elle n'a aucune Jurisdiction dans l'interieur du Cloître, elle n'y prétend rien : mais malheur à ces Religieux s'ils ne se conduisent pas bien. Ces idées, cette maniere de penser sont trop dangereuses, elles trouveroient un remede salutaire dans ce que les Etats de Blois ont prescrit à ce sujet, au moins l'Université empêchera-t-elle que ces erreurs, ces maux ne se communiquent au dehors.

OBJECTION. Vos Docteurs peuvent errer eux-mêmes, ajoutent les Moines.

REPONSES. C'est un autre fait dont l'Université ne disconvient également point, elle sçait qu'elle n'est point infaillible ; mais dés qu'elle est établie par le Prince, dès que c'est de lui qu'elle tient sa Jurisdiction, la présomption sera toujours qu'elle suit les regles d'une saine doctrine, de laquelle elle est comprable à V. M. & à ses Superieurs ; si ces argumens des Religieux avoient lieu, tout examen devroit être désormais banni ; puisqu'il est certain qu'il n'y a point d'Examinateur infaillible.

Telles sont les Réponses des Suplians aux prétendues inutilitez, & inconveniens qu'on impute à leurs Decrets, ils vont détruire avec la même force les suites fâcheuses qu'on prétend en devoir naître.

OBJECTION. Ces suites fâcheuses sont extrêmes, s'écrient les Moines ; car enfin si ces Decrets subsistoient, nous le protestons, disent-ils, nous prendrions le parti de ne plus faire imprimer de Theses, nous n'y inviterions plus les Religieux des autres Ordres ; d'ailleurs quoi de plus incommode pour des hommes vouez aux saints Autels, que de faire dépendre leurs Exercices d'une Université dont l'heure seroit souvent celle de l'Office Divin.

Ce n'est point à l'Université de Bordeaux *à* dire son avis sur la ré- RE'PONSES. solution que ces Religieux protestent de prendre dans le cas que les Decrets dont il s'agit auront lieu. Elle se contentera d'observer qu'il paroît par tous les Actes qui ont été produits, que rien ne peut être plus avantageux à l'Etat que de les prendre au mot, & d'ordonner pour éviter que l'erreur ne pénetre dans leurs Maisons, qu'ils entretiendront dans les Universitez des Religieux pour y faire leurs cours, s'instruire des Sciences superieures, des Maximes de l'Etat, & de nos saintes libertez.

A l'égard du trouble qu'ils apréhendent que ces Decrets ne jettent dans leurs Exercices, & Offices Divins, c'est, on l'a déja dit, un trouble feint & simulé. Les Religieux, il faut l'avouer, pratiquent une sorte d'humilité que les autres hommes ne connoissent point; le parallele qu'ils font icy, entre eux & l'Université de Bordeaux, ne seroit point permis à des Seculiers. Les Religieux sont vouez aux saints Autels, & l'Université est une Compagnie qui ne prend pour l'heure de ses Exercices que celle des Offices Divins, c'est presenter à V. M. une idée de l'Université de Bordeaux & en faire un tableau qui ne lui ressemble en aucune façon; ce n'est point, SIRE, une Compagnie prophane, ni une Compagnie de Gentils qui soit sans égard pour l'Office Divin; elle est aussi religieuse observatrice des Loix de l'Eglise que les Religieux pourroient l'être; c'est faire injure à la sainteté des principes & de la regle qui conduisent toutes ses démarches, de croire qu'elle est capable de causer du dérangement, & de placer des Theses chez les Religieux pendant leur Office.

Il n'y a donc point d'inutilité dans ces Decrets, point d'inconveniens, point de suites fâcheuses à craindre de leur execution; l'Université soutient plus, ils sont absolument necessaires & leur inexecution seroit préjudiciable au bien de l'état.

Les observations qu'on vient de faire, les differents évenemens arrivez dans les derniers tems, & les Theses soutenues à Bordeaux, dont on a déja rendu compte à V. M. fournissent une preuve bien complette de cette derniere Proposition.

Les Religieux s'imaginent excuser le reproche qu'on leur fait sur la OBJECTION. premiere These qui fut soutenue chez les Cordeliers, en disant que la Proposition raportée par l'Uviversité est captieuse, & qu'on en justifiera la Doctrine, quand l'Université sera de bonne foy.

Mais une proposition qui a causé du scandale doit certainement avoir RE'PONSES. quelque deffaut, celle des Cordeliers de l'aveu des Parties est captieuse, c'est son deffaut; & c'est ne s'engager à rien de promettre qu'on la justifiera quand l'Université sera de bonne foy, parce qu'on ne voudra jamais convenir qu'elle soit de bonne foy.

Sur la These soutenue chez les Minimes, on dit que ces Peres n'ont point nié les espèces, ou accidens Eucharistiques.

On n'accuse point les Minimes de les avoir niez, c'est la These OBJECTION. qu'on accuse. Le Soutenant pouvoit bien penser, & s'être mal exprimé, REPONSES. or c'est pour apprendre aux Religieux à bien exprimer leurs pensées, & à ne point introduire des termes nouveaux, (*a*) à se servir de mots (*a*) *Ut vocum* propres, & consacrez dans les Ecoles, que leurs Theses doivent être *novitates fugiant.*

examinées, avant de paroître en public.

OBJECTION. A l'égard de la These qui fut soutenue chez les Peres Benedictins, les Religieux prétendent qu'elle n'a point été imprimée.

RE'PONSES. Mais ne suffit-t'il point qu'ils avouent qu'elle a été supprimée, c'est certainement convenir qu'elle étoit scandaleuse : scandale qui a été très-public ; puisqu'il est constant que plusieurs Exemplaires de cette These furent distribuez à Bordeaux, & qu'elle y fut soutenue publiquement : si l'Université avoit examiné cette These avant qu'elle parût, auroit-elle causé du scandale ;

On pourroit raporter icy un nombre infini d'autres abus qui se glissent insensiblement dans le Royaume, par les entreprises & les nouveautez ausquelles se portent chaque jour les Religieux ; ces differents evenemens ne sont que trop connus.

Ce seroit donc s'oposer au bien & à la tranquilité de l'Etat, que d'empêcher l'execution de ces Decrets.

D'abord après l'Arrest du Parlement de Bordeaux qui deffendit l'execution des Décrets dont il s'agit, on vit tous les ordres ajouter de nouvelles marques de publicité, & de solemnité à leurs Actes, & exercices.

Les Peres Minimes parurent les premiers sur la scene après cet Arrest ; il ne fut pas plûtôt rendu qu'ils firent imprimer une These de Théologie ; ils la dédierent au sieur Despujols Chanoine & Vicaire General de M. l'Archevêque de Bordeaux, ils mirent dans la Dédicace de cette These un ample étalage de toutes les Dignitez dont étoit revêtu leur Mecenas ; ils la distribuerent dans toute la Ville, ils y inviterent les Chapitres, les Curez, & une infinité d'autres personnes ; on voit au bas de cette These qu'elle a esté soutenue : *Sub moderamine R. P. Petri Fayard sacræ Theologiæ Lectoris*, ce qui prouve bien formellement qu'ils sont dans le cas des Professeurs & Lecteurs dont il est parlé dans l'article 70. de l'Ordonnance de Blois ; enfin jamais il n'y eût dans les Universitez These soutenuë avec plus de pompe, de publicité, & de solemnité ; elle a esté imprimée, & disputée avec multitude d'Auditeurs sans aucune aprobation ni examen préalable de l'Université.

Ces Religieux firent plus ; encouragez par l'Arrest du Parlement de Bordeaux, ils prétendirent que le Corps des Curez de la Ville qu'ils avoient invité à cet Acte ne pouvoit être compellé qu'après eux. Quelques remontrances qu'on leur fit, jamais ils n'en voulurent démordre. C'est un fait certain dont ils ne disconviendront point.

C'est, on l'avoüera, pousser la vanité & la présomption jusqu'à son dernier période. Auroit-on jamais pû imaginer que les Religieux eussent prétendu une superiorité & preseance sur les 70. Disciples de J. C, sur les Prélats du second Ordre sur le Corps des Curez, qui sont d'Institution Divine.

On ne finiroit point si l'on parcouroit la foule des inconveniens qui sont déja arrivez, & qu'on verroit renaître chaque jour si l'Arrest du Parlement de Bordeaux venoit à être autorisé.

Rien de plus ordinaire que de voir des demandes en cassation formées contre des Arrests de Cours Superieures ; mais les moyens sur lesquels celle des Suplians est apuyée surprendront toujours ; & c'est sans doute la premiere fois qu'on aura vû un Arrest enlever à un Corps célèbre sa

partie

partie la plus essentielle & necessaire, renverser absolument les Loix prescrites par les Ordonnances d'Orleans, & de Blois, par celles de Loüis XIII. par les Edits, Déclarations, & Arrests du Conseil, par les Arrests des Parlemens, par la Jurisprudence incontestable du Royaume, par le bon ordre & le bien Public ; aussi les Suplians déclarent-ils s'en tenir à ces moyens generaux qui annullent de droit l'Arrest dont ils se plaignent, ils n'entreront point dans l'examen de tous les deffauts de forme qui se trouvent dans cet Arrest ; ils se contenteront d'en relever un qui finira de démontrer toute la précipitation du Parlement dans cette occasion. On n'a jamais douté qu'une Université n'eut le droit d'examiner les Theses qui se soutiennent dans les Colleges Academiques de la Ville où elle est établie, celle de Bordeaux se trouvera cependant privée de ce droit, puisque le Decret dont on lui a refusé l'homologation étoit également pour les Colleges Academiques qui sont à Bordeaux, comme pour les Religieux qui veulent faire des exercices publics ; ce seul moyen suffiroit pour faire renverser cet Arrest.

A CES CAUSES, SIRE, plaise A VOTRE MAJESTE' donner Acte aux Suplians, de ce que pour réponses à la Requeste des Religieux Benedictins, Jacobins, Grands Carmes, de la Mercy, Cordeliers, Recolets, Capucins, Minimes, & Carmes Déchaussez de la Ville de Bordeaux, signifiée le 24 Decembre 1726. ils employent le contenu en la presente Requeste, & aux pieces qu'ils y joindront, faisant droit sur l'Instance de Requestes respectives, sans avoir égard à ladite Requeste de ces Ordres Religieux, ni à l'Arrest rendu par le Parlement de Bordeaux le 23 May 1726. qui sera cassé & annullé avec tout ce qui s'en est ensuivi ; ordonner que l'Arrest du Conseil rendu en faveur de l'Université de Poitiers le 31 Janvier 1721. sera declaré commun avec les Suplians, en consequence que les Ordonnances, Arrests, & Reglemens, concernant les Universitez seront executez selon leur forme & teneur ; ce faisant maintenir & garder les Suplians dans le Droit d'avoir la Presidence, la direction, & la moderation, de toutes les Theses soutenuës publiquement dans la Ville de Bordeaux, soit dans les Colleges Academiques, soit dans les Monastéres & autres lieux ; ordonner en outre, conformément audit Arrest du Conseil, que lors que les ordres Religieux voudront faire soutenir des Theses dans leurs Eglises ou autres lieux en Assemblée & concours d'Auditeurs, ils seront tenus de les presenter préalablement au Syndic de la Faculté dont elles dépendront pour être aprouvées, & de recevoir du Recteur de l'Université le jour & l'heure de l'Acte, duquel elle aura la Presidence, direction & moderation ; sauf ausdits Religieux de s'en dispenser seulement lors que dans l'interieur, ils feront tels exercices qu'ils jugeront convenables à l'instruction de leur Religieux ; confirmer les Décrets des Suplians des 10 May & 7 Septembre 1721. qui ont esté copiez mot pour mot sur la disposition dudit Arrest du Conseil du 31 Janvier 1721. condamner lesdites Communautez Religieuses aux dépens ; les Suplians continuëront leurs vœux & prieres pour la santé & prosperité de VOSTRE MAJESTE'.

Monsieur MABOUL, *Raporteur.*

Me MOLAGNE, Avocat.

De l'Imprimerie de JACQUES CHARDON, ruë S. Severin, du côté de la ruë de la Harpe, à la Croix d'or 1727.

www.ingramcontent.com/pod-product-compliance
Lightning Source LLC
Chambersburg PA
CBHW061012050426
42453CB00009B/1398

APPEL
A L'EUROPE MONARCHIQUE.

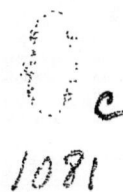